O CRUX AVE
MORITURI
TE SALUTANT

ÉDITION ORIGINALE

IL A ÉTÉ TIRÉ DE CET OUVRAGE

6 EXEMPLAIRES SUR PAPIER VÉLIN MADAGASCAR
NUMÉROTÉS DE 1 A 6

50 EXEMPLAIRES SUR PAPIER VERGÉ PUR FIL LAFUMA
NUMÉROTÉS DE 7 A 56

1000 EXEMPLAIRES SUR PAPIER ALFA
NUMÉROTÉS DE 57 A 1056

2000 EXEMPLAIRES ORDINAIRES

M. CM. XXX

O CRUX AVE

MORITURI TE SALUTANT

H. VAUBOURG

O CRUX AVE MORITURI TE SALUTANT

CHEZ L'AUTEUR

VAL D'AJOL (Vosges)

AVANT-PROPOS

A mes chers enfants,

C'est pour vous que j'ai voulu écrire ce livre.

Je ne nourris pas la prétentieuse chimère d'y inté-resser un grand-public, fatigué déjà des livres de la guerre... Chut !... C'est si loin de nous !... Ne froissons pas d'évocations chagrines la délicate enfance de l'ange du pacifisme !...

Vous me dites bien encore :

« Raconte-nous l'histoire des petits ânes... » ou telle ou telle que vous savez par cœur, mais dans peu d'an-nées, vous penserez, si ne le dites, en bâillant à la déro-bée « Oh !... le vieux rabâcheur !... »

Ce sera surtout, mon petit Jacques, la réponse qui convient à la maxime favorite que tu lances souvent du haut de tes six ans :

« Quand je serai grand, je ne veux pas être soldat pour qu'on me tue : ceux qui ont inventé la guerre sont des fous !... »

Voilà, tassée en quelques mots et dépouillée des artifices de l'éloquence ou d'une vaine métaphysique, la théorie des pacifistes, internationalistes, antimilitaristes et tous autres fumistes, qui prétendent supprimer le risque de la guerre, du seul fait qu'ils auront déclaré la paix au monde avec des trémolos dans la voix.

A six ans, le raisonnement est permis, mais pour des hommes, il témoigne seulement d'une belle lâcheté, de l'inconscience ou d'une sordide imbécilité criminelle.

Il est très joli de faire cavalier seul, ou de se défiler derrière le cas de conscience, mais lorsqu'on est deux, il faut compter avec le partenaire.

Si tu voyais, mon petit Jacques, un méchant battre ta maman, est-ce que tu te cacherais derrière un arbre, pour compter en bon neutre les coups qu'elle recevrait ?

Je sais bien que non, mais que tu crierais, tu appellerais au secours, et, des pieds, des poings, des dents, tu te jetterais de toute ta faible force sur l'infâme agresseur pour lui faire lâcher prise.

Si on ne l'attaque pas, crois-tu indispensable, pour lui témoigner ton amour filial, de rosser les voisins ?...

Tu ris au simple énoncé de cette stupide proposition.

Eh bien ! mon enfant, la France, ta Patrie, est ta seconde mère.

Autant que la première, tu dois la servir, l'aimer, et la défendre contre les méchants, de tout ton cœur, de toutes tes forces, au péril de ta vie même, si c'est nécessaire.

Cet amour pour la Patrie, doit-il être dirigé contre *quelqu'un, et devras-tu, pour le manifester, porter le fer, la flamme et la désolation chez les peuples voisins ?... Idée aussi grotesque que la précédente !...*

Ils feignent de le croire, pacifistes bêlants, internationalistes, et surtout communistes, qui, prêchant le meurtre et le pillage de leurs concitoyens, crient très fort au crime de lèse-humanité, si l'on parle d'armer les frontières, pour se défendre contre les étrangers.

Le nationalisme, disent-ils, est une malédiction ; le patriote, un belliciste ne rêvant que plaies et bosses, tigre altéré de sang, un danger permanent pour tous ses voisins.

Je voudrais aider à ruiner cette légende.

Aime ta Patrie, mon enfant, la plus belle et la plus généreuse des nations qui fût sous le ciel, avec la juste fierté de sa noble et prestigieuse histoire, de tout ce qu'elle a fait de grand et de merveilleux pour le développement des arts et l'amélioration de l'humanité.

Cela ne demande pas un vaniteux orgueil, et la nécessaire proclamation que les autres patries lui sont inférieures.

Chaque nation a son génie en propre, différent peut-être de celui du voisin, mais qui sur certains points peut être préférable.

En particulier, puisque c'est surtout de l'Allemagne qu'il s'agit, pourquoi fermer les yeux à la vérité, et sous-estimer ses remarquables qualités d'organisation, de travail méthodique, de continuité dans l'effort créateur ?

Plusieurs de ses principes méritent d'être imités.

Ecarte donc tout sentiment de haine héréditaire dans ton commerce avec ses habitants.

C'est de cette façon, par une mutuelle compréhension et de la bonne volonté, que tu réaliseras ton rêve de supprimer la guerre.

Mais il faut nécessairement que le même esprit règne de part et d'autre.

Si des Allemands chauvins, réellement belliqueux, déchets fossiles des hobereaux batailleurs, veulent, au cri prétentieux et antipacifique de « Deutschland über alles », maintenir dans les masses les vieilles idées guerrières de revanche et de domination, fais-leur savoir que tu es préparé pour les bien recevoir.

Ne sois pas du nombre de ces gens, qui, comme nos députés, envoient héroïquement tout le monde à la guerre, en restant eux seuls prudemment à l'arrière.

Vas-y spontanément, bravement, généreusement ! Si tu es faible et obséquieux, on te tombera dessus. Montre-toi fort et résolu, personne ne t'attaquera.

C'est la meilleure doctrine pacifiste, à l'abri de laquelle, honnêtement, loyalement, tu pourras tendre la main à ceux des Allemands qui se montreront sincèrement animés d'une bonne volonté égale à la tienne.

H. V.

O CRUX AVE
MORITURI TE SALUTANT

I

Quand sonna le tocsin, longuement, lugubrement, portant aux travailleurs épars dans la vallée, l'annonce de l'ordre de mobilisation, l'impression ressentie ne fut pas la surprise devant l'événement redouté, mais plutôt la stupeur que cet affreux malheur n'ait pû être évité.

Le soir de ce même jour, les réservistes affluaient à la gare, accompagnés de parents et d'amis.

Tous étaient calmes, graves, le cœur serré d'une angoisse contenue mais discrète.

Seule entre toutes les accompagnatrices, une jeune femme sanglotait, pleurant tout ce qu'elle pouvait, ne parvenant pas, et n'essayant pas de contenir les manifestations de l'effroyable détresse qui étreignait son cœur, en face de cette séparation si pleine d'angoissant inconnu.

Ses lamentations, que cherchait en vain à modérer son mari, étaient observées sans moquerie, l'heure n'étant guère à la plaisanterie, mais avec quelque étonnement.

Pauvre femme !... c'est elle qui pressentait instinctivement, avec tout son cœur, la triste vérité qui devait résulter du drame terrible dont nous étions en train de jouer le prologue.

Un seul assistant détonait sur l'attitude générale, par son enthousiasme exubérant.

C'était mon ami Emilien, ex-sergent-major d'infanterie, cocardier dans l'âme, militaire d'allure et de tempérament jusqu'au bout des ongles.

Il sautait, il exultait :

« Enfin, me dit-il, je vais vivre pleinement mon rêve, l'existence militaire, la vie en campagne, l'imprévu, l'aventure ; c'est mon élément, vive la joie ! »

Après tout, pensais-je, il a peut-être raison : cultivateur célibataire, aucune attache importante n'exige sa présence au foyer ; il est en exacte vérité, merveilleusement qualifié pour faire un entraîneur de soldats, un excellent officier.

Il sera bon que beaucoup de ses semblables donnent l'exemple de la bonne volonté, de l'enthousiasme et de la bonne humeur, devant le devoir, la fatigue, la souffrance ou la mort généreusement acceptés.

Brave Emilien, je le regardais avec sympathie, avec admiration.

Avec de tels hommes les Allemands n'avaient qu'à bien se tenir.

Combien allait-il en pourfendre, en entraînant sa section dans les folles charges à la baïonnette, qui peuplaient déjà mon imagination !

**
**

Je rejoignis bientôt Versailles, et le régiment du 5ᵉ Génie auquel j'appartenais.

Par ma classe, j'étais affecté aux formations territoriales, ce qui ne m'allait guère, car il me tardait d'entrer effectivement dans le vif de la guerre.

Je cherchai si je ne pourrais pas partir en volontaire avec une compagnie d'active, et le soir même, j'eus le plaisir d'être mandé par un capitaine dont un sergent était malade.

Il me proposait d'en prendre la place, le départ ayant lieu une heure plus tard.

J'acceptai avec joie, me fis équiper sur-le-champ, et l'instant d'après nous partions au polygone des Matelots, prendre possession de notre train parc.

Tout préparé, ses deux locomotives en pression, il n'attendait plus que ses occupants.

Sitôt l'embarquement terminé, un officier donna le signal du départ, et à la nuit tombante, nous partîmes pour une direction inconnue.

En quel lieu et à quelle besogne allions-nous être occupés comme entrée en campagne ?

Nous essayâmes de connaître la direction générale de notre envolée d'après la route suivie. Les premières gares ne nous apprenaient rien.

Nous contournions la Grande Ceinture, mais cela pouvait nous conduire dans un secteur très évasé.

Villeneuve-St-Georges fixa davantage notre attention, car nous pouvions alors quitter cette Ceinture.

De nombreux arrêts, des stations aux noms inconnus, puis Corbeil et plus loin Malesherbes, Montargis.

Avec une surprise très vive, nos yeux s'ouvrirent à l'évidence ; par le réseau du P.-L.-M. nous roulions en direction de Marseille.

Cette constatation nous causa une vraie stupéfaction.

La Canebière était-elle menacée, les Italiens entraient-ils en guerre, aux côtés de leurs alliés de la Triplice ?

* *
*

La nuit était venue depuis longtemps ; après avoir épilogué, et ne pouvant résoudre le mystère de notre itinéraire, nous prîmes le parti de dormir, attendant au réveil un peu d'éclaircissement.

Bercés par le roulement du train, fréquemment arrêtés, remis en route, nous avions perdu toute notion et de l'heure et de notre position géographique.

Tout à coup, s'éleva dans le calme de la nuit, une belle voix de baryton qui entonnait les premières strophes de la chanson :

« *Flotte petit drapeau* »

Le train était arrêté ; aucun bruit aux environs ; sans une réflexion, sans un mot, nous sentions instinctivement toute la compagnie réveillée, suspendue aux lèvres du chanteur.

> « *Flotte petit drapeau,*
> « *Flotte, flotte bien haut,*
> « *Image de la France,*
> « *Symbole d'espérance.* »

A cet instant, du capitaine au dernier homme de troupe, chacun communiait pleinement en son âme, avec les paroles qui s'envolaient si pures dans un silence impressionnant !...

On se serait cru dans une cathédrale, buvant sans manifestations, dans le recueillement, les hautes envolées de l'orgue.

Aussi, quand la voix se fut éteinte, aucun bravo indiscret, aucun bis malencontreux, ne vint altérer l'intime satisfaction de beauté que chacun prolongeait avec plaisir en son âme.

Les cœurs applaudissaient en silence.

Revenus aux réalités de la vie, nous regardâmes l'heure et en quel endroit nous étions.

Il était minuit, et nous étions arrêtés en pleine gare de Paray-le-Monial.

L'arrêt se prolongeant, je descendis me dégourdir les jambes sur le quai.

Une équipe de dames de la Croix-Rouge distribuait du thé chaud à tous venants ; d'autres dames offraient des souvenirs du Sacré-Cœur, vénéré tout particulièrement en cette ville.

Scapulaires, petits drapeaux, médailles, ajoutèrent ainsi à la collection d'objets saints qui m'avaient été remis au départ de chez moi.

Dans la matinée, nous arrivions à Lyon et notre train vint se ranger dans la gare aux marchandises.

Notre surprise continuait ; elle dura même assez longtemps, et ce n'est que par la suite que nous eûmes le mot de l'énigme.

En deux mots, voici de quoi il s'agissait.

La mobilisation, qui devait transporter en quelques semaines, vers les frontières attaquées, des milliers et des milliers de réservistes, en provenance de tous les coins de France et même de l'Algérie, nécessitait de la part des chemins de fer un effort énorme, anormal, sans aucune régularité dans les horaires.

La moindre défaillance d'un agent surmené, une erreur d'aiguillage, pouvaient causer une catastrophe, et peut-être, en un point important, embouteiller ·gravement la circulation.

Les sabotages de la part d'espions ou d'antimilitaristes pouvaient aussi se produire, amenant les mêmes résultats fâcheux.

A ces accidents possibles, et même un peu prévus, le plan de mobilisation avait cherché un correctif rapide.

Dans toutes les régions de France, une compagnie des sapeurs de chemins de fer fut envoyée à la

mobilisation, avec tout le matériel de secours nécessaire. Stationnant à un nœud important de voies
ferrées, elle était prête à intervenir immédiatement
pour réparer les dégâts, si un accident se produisait
dans son rayon d'action.

Disons à la louange des Chemins de fer, qui donnèrent à cette occasion un effort merveilleux, qu'à
notre connaissance, aucune compagnie n'eut à intervenir dans ces circonstances.

C'est ainsi que nous passâmes dix à douze jours
de garde, dans l'attente d'événements qui ne se pro-
duisirent pas.

Pendant ce temps, on aménageait en logements
confortables, les wagons destinés au cantonnement
des hommes.

Avec quelques charpentes légères, des couchettes
individuelles superposées y furent installées pour
chacun d'eux.

Dans un volet fermé, un trou rond fut percé pour
le passage d'un tuyau de poêle. Les officiers logeaient
de leur côté dans un wagon de première classe, et
deux wagons de seconde classe étaient affectés aux
sous-officiers.

C'est dans cet équipage, que les soldats de l'active
du 5e Génie firent leurs cinq années de guerre, sans
quitter leur train parc, si ce n'est parfois pour quelques détachements temporaires, à l'issue desquels
ils réintégraient leurs pénates.

**

Le temps nous pesait dans cette inaction forcée, et des applaudissements unanimes accueillirent vers le 15 août l'annonce de notre départ.

La première étape nous mena à Port-d'Atelier.
Nouvelle pose de quelques jours.

Toutefois nous étions là sur le passage des trains, dont quelques-uns revenaient du front, et leurs occupants nous apportaient des échos plus certains des nouvelles de la guerre.

C'est ainsi que nous eûmes la tristesse d'apprendre, par un fort convoi de blessés, le mouvement alternatif de l'entrée et du recul de nos soldats, dans l'Alsace un instant reconquise.

L'entrée triomphale à Mulhouse, et puis la retraite, presque dégénérée en panique.

Peu prolixes au surplus, ces pauvres éclopés ne connaissaient d'ailleurs que ce qu'ils avaient vu dans leur cercle immédiat ; aucune plainte, aucun murmure, contre leur infortune ou contre leurs fatigues,

Ils semblaient en général assez satisfaits, à la perspective du bon lit d'hôpital, qui les attendait au terme de leur évacuation, et du séjour plus ou moins prolongé qu'ils y feraient, dorlotés par de gentes infirmières, oubliant les misères de la guerre, qu'ils avaient déjà assez goûtées pour en avoir perdu le goût.

Nous vînmes ensuite stationner à Einveaux.

Ici nous prenions contact avec la guerre. Nous étions à l'arrière-plan de la bataille de Lorraine, dont la fin se déroulait devant nous, hors de portée de vue, mais à bonne portée d'ouïe.

Le canon, alternant avec le tac-a-tac lointain des mitrailleuses, apportait nuit et jour l'écho de la bataille.

Des blessés passaient auprès de nous en quête d'une ambulance, les uns à pied traînant péniblement la patte, d'autres brouettés sur d'hétéroclites véhicules.

Près de nous et en arrière, étaient les témoins des combats acharnés qui, quelques jours plus tôt, s'étaient livrés à cet endroit.

Tombes à peine rebouchées, objets d'équipement, éclats d'obus et bandes de mitrailleuses, et toutes les maisons éventrées ou plus ou moins touchées par les bombardements.

Dans la maison la plus voisine, le café de la gare, un spectacle curieux s'offrait à notre vue.

Un gros obus pesant bien cent kilogs, après avoir traversé deux murs épais, était venu s'échouer sans éclater, sur la descente de lit, dans une chambre du premier étage.

Huit jours après, un nouveau saut nous conduisait dans la gare aux marchandises de Champigneulles.

A cet endroit nous fîmes une pose prolongée, en attendant l'utilisation de nos services qui tardait toujours à venir.

*
* *

Nous avions repris, en manière de passe-temps, les exercices militaires de maniement d'armes, d'école de section, qui, pour notre corps de techniciens, n'avaient rien d'amusant.

Entre temps on se distrayait comme on pouvait.

Dans les différentes gares où nous avions passé, j'avais acheté une quantité de petits livres classiques de la Bibliothèque nationale, et mes camarades et même les officiers, puisaient très volontiers à ma bibliothèque.

J'y relus des œuvres que je connaissais ; j'en lus de nouvelles aussi intéressantes.

Celle qui m'a le plus frappé est la lecture de « La Retraite des Dix Mille » par Xénophon.

Aucun livre ayant paru sur la guerre, avant, pendant ou après, ne m'a jamais donné comme ce livre (écrit il y a trois mille ans) une idée d'ensemble, concentrée, sur les préoccupations qui assaillent l'Etat-Major, pour la direction des armées en campagne.

Les déplacements de troupes, l'approvisionnement en vivres et munitions, l'espionnage continu des mouvements ennemis, la psychologie des armées, les rivalités, les intrigues dans le haut commandement, la diplomatie envers les pays neutres, et même parfois avec l'adversaire, sont choses multiples, qui, en dehors même des combats, ont une importance énorme et même capitale pour la marche des événements.

C'est une action continue qui ne souffre aucune interruption, aucune pose, même au cours des plus graves défaites, action inconnue, ignorée des hommes de troupe et du public.

Sa conduite rationnelle exige peut-être plus d'habileté, d'intelligence et de maîtrise de soi-même, que la direction d'un combat, ou l'enlèvement rapide et tout spasmodique d'une attaque à la baïonnette.

Un de nos officiers, jeune sous-lieutenant, recherchait volontiers notre compagnie, moins austère que celle de ses collègues.

Il nous mystifia certain jour, en collant sur la glace de notre W.-C. un petit poème de sa composition :

> Vous qui venez ici dans une humble posture
> Débarrasser vos flancs d'un importun fardeau,
> Songez après avoir satisfait la nature,
> Et déposé dans l'urne un modeste cadeau,
> D'épancher sur vos mains un filet d'onde pure.
> Puis sur l'autel fumant, mettez pour chapiteau,
> Le couvercle équarri dont l'austère jointure,
> Aux parfums indiscrets doit servir de caveau !!

Après enquête, le fourrier nous ayant dévoilé l'identité du coupable, nous ne voulûmes pas laisser sa politesse sans réponse, et quelques instants après il lisait sous son billet :

O poète inconnu, pour notre esprit charmé
Sur l'autel de la Muse lorsque tu sacrifies,
A ton zèle pour Mars faut-il que l'on se fie,
Puisqu'en tenant la lyre ton bras est désarmé ?

Que m'importe l'objet, quand par ta voix chanté,
La rime par tes soins, à l'expression s'allie.
Du sabot de Pégase, l'étincelle jaillie,
Fait qu'un sujet d'ordure en or pur est changé !

Brave lieutenant Villatte, il était plus dévot de Mars que des Muses.

S'ennuyant de la monotonie de notre vie de garnison, il demanda et obtint sa permutation dans un régiment de sapeurs mineurs.

Il y resta peu de temps, et fut tué dans les quinze premiers jours de son arrivée.

****

Vers la fin du mois de septembre, j'eus enfin le plaisir de recevoir un emploi.

Le front commençait à se stabiliser ; les tranchées se dessinaient aux avant-postes, et l'on s'occupait d'établir la liaison de l'arrière à l'avant, sur des bases moins précaires.

Le service des trains entre Nancy et Pont-à-Mousson, qui avait été abandonné jusqu'alors, devait commencer à reprendre.

Le personnel civil des gares avait été évacué dès le début des hostilités et on n'osait pas encore le rappeler, avec femmes et enfants, dans une zone dangereuse, fréquemment bombardée.

Je fus nommé chef de gare in partibus de Pont-à-Mousson, avec résidence habituelle à Dieulouard.

J'étais chargé avec une équipe de six hommes, de faire le service courant de cette dernière gare, et d'accompagner les trains qui poussaient quelquefois jusqu'à Pont-à-Mousson.

Je pris virtuellement possession de la gare de Pont-à-Mousson, y installant deux hommes qui devaient s'occuper des aiguillages, et préparer les voies quand nous y venions avec des trains de nuit.

J'eus ici l'occasion de faire une étude des méthodes comparées des états-majors français et allemand.

Suivant un plan de mobilisation sacro-saint et longuement préparé, tous les employés civils des gares frontières furent évacués dare-dare, sur un ordre télégraphique, et sans pouvoir rassembler leurs bagages, *trois* jours avant la déclaration de guerre.

Je dis bien tous les employés, car si les personnes furent retirées, par contre on laissa sur place dans les gares, le matériel roulant très important qui pouvait s'y trouver rassemblé.

Un vieil aiguilleur m'indiqua que l'on avait abandonné ainsi à Pont-à-Mousson et à la fonderie, cent trois bons wagons.

Plusieurs fois il fit lui-même le voyage de Nancy pour en aviser l'Inspection.

Aucun risque imminent n'était à craindre, dans le fait de partir avec deux locomotives, faire le ramassage des wagons, dans les gares menacées d'une occupation ennemie.

Ce n'était pas prévu dans *le plan*, et aucun inspecteur, aucun officier d'état-major, n'osa courir le gros
risque peu probable d'un blâme, pour prendre l'initiative de cette expédition.

Ils auraient eu plus de quinze jours pour s'y décider
et pour l'exécuter.

Quand les Allemands vinrent à Pont-à-Mousson,
où ils restèrent seulement huit jours, des locomotives
suivaient les avant-gardes.

Dès le premier jour, bien tranquillement, ils rassemblaient tout le matériel et ils l'évacuaient à l'arrière où il leur fut utile, tandis que chez nous, on
gémissait à perte de vue sur la pénurie des wagons!...

Je faisais mes visites journalières entre Dieulouard
et Pont-à-Mousson, en utilisant un quadricycle roulant sur rails, mu avec des pédales par un ou par
deux hommes.

Une large planche était fixée derrière, pour le trans-
port de l'outillage ou des bagages éventuels.

Cet engin me servit à quelques expéditions amusantes.

Les premières lignes étant aux portes mêmes de la
ville, la rentrée dans leurs foyers était formellement
interdite aux habitants qui les avaient quittés à
l'avance allemande.

On tolérait encore ceux qui n'avaient pas bougé
et c'était tout.

Plusieurs fois je fus témoin à Dieulouard de la désolation de quelque femme qui, voulant rentrer chez elle, après être arrivée jusque là, au prix de bien des ruses et de maintes fatigues, se voyait impitoyablement refuser le passage plus avant.

Quand elle était jeune et gentille, que les larmes amères coulaient de jolis yeux, mon cœur sensible fondait à la vue de ces pleurs, et me dictait l'impérieux devoir d'en assécher la source et de ramener le sourire et la joie sur des lèvres qu'ils n'auraient jamais dû délaisser.

Je faisais asseoir ma protégée sur la planche à bagages de mon lorry, et prenant un homme avec moi, nous pédalions sur la voie ferrée.

A l'entrée de Pont-à-Mousson, une sentinelle montait la garde en permanence, sur la ligne du chemin de fer.

Les soldats qui, à tour de rôle, prenaient la faction, connaissaient bien ma voiture.

Quand j'arrivais près d'eux, un signe de tête ou de la main, quelquefois un plaisant « Portez arme ! » saluaient mon passage.

A ce moment, quand je passais ainsi de la contrebande, je faisais force pédales, répondant un sympathique « Salut, vieux ! » au bonjour du planton qui, médusé, restait un instant interloqué, en voyant derrière nous la passagère interlope.

Quand, après quelques secondes d'hébétude, la respiration lui revenait pour crier « Hé ! Hé ! là-bas, c'est défendu... » nous étions déjà loin.

Je lui faisais un amical signe de main signifiant

clairement « Ça va !... ça va !... ne t'en fais pas ! ...» et haussant les épaules, il n'y faisait plus attention.

A notre passage de retour, le factionnaire était changé ; le nouveau, ignorant l'aventure, ne nous demandait rien.

Pendant ce temps, j'avais débarqué ma cliente qui se confondait en remerciements, et parfois voulait me payer son billet.

Elle était au milieu de la ville, où personne n'avait plus qualité pour s'occuper de ses allées et venues.

Une de mes distractions à Pont-à-Mousson, était d'aller assister au bombardement à peu près quotidien, que les Allemands dirigeaient vers le pont de la Meurthe.

Des espions faisaient parvenir aux Allemands certains renseignements, en enfermant leurs notes dans des bouteilles qu'ils jetaient à la rivière, d'où elles étaient repêchées en aval.

On contrecarra cette manœuvre par le même moyen, en tendant un filet qui devait retenir les bouteilles avant leur passage à l'ennemi.

Les Allemands, informés de la mesure et de l'emplacement du barrage, le détruisaient à coups de canon, au fur et à mesure qu'on le raccommodait.

Quelquefois, pour varier le plaisir, ils dirigeaient les obus sur la ville. Un de mes hommes détachés à la gare, eut un jour de ce fait une fâcheuse surprise.

Allant voir un matin une jeune femme dont il avait fait connaissance, et qui habitait seule une maison isolée, il la trouva écrabouillée dans son lit, où un obus l'avait surprise pendant la nuit.

Je compris pourquoi le retour des absents était considéré comme chose indésirable.

Mes deux lascars s'étaient installés avec une copieuse literie, dans une cave où ils ne risquaient pas grand chose des obus.

Très débrouillards, trop même, ils y recevaient des visites féminines et menaient joyeuse vie.

Aussi furent-ils désappointés, quand, les bombardements se faisant plus fréquents et plus rapprochés de la gare, le capitaine leur fit donner l'ordre de rentrer à Champigneulles.

A la première invitation, ils refusèrent simplement, à l'instar de Mac-Mahon :

« J'y suis, j'y reste ! »

Sur une seconde invitation motivée, ils protestèrent avec grandiloquence, que leur amour de la Patrie et leur dévouement, les portaient à préférer un poste d'honneur et de danger, à la sécurité sans gloire qu'on leur proposait à l'arrière.

Le capitaine vint lui-même, et ils lui renouvelèrent leurs protestations, avec des attitudes de comédiens consommés.

Le bon capitaine, un excellent homme, n'insista pas et repartit émerveillé d'un tel héroïsme.

Il les proposa le soir même pour une citation à l'ordre du régiment.

Ce sont les premières citations que je vis décerner dans notre corps.

*_**

J'eus un jour la visite du sergent fourrier, notre excellent camarade Vurpillot.

Le fusil en bandoulière, il évoquait devant mes yeux l'image de Tartarin, et je lui demandai s'il venait faire l'ouverture de la chasse.

« Peut-être, me dit-il, mais en fait de gibier, rencontre-t-on des Fritz dans ton fief électoral ? Je venais dans l'espoir d'en apercevoir un. »

Je dus confesser que je n'en avais pas vu jusqu'à ce jour.

« Et si nous allions au devant d'eux, en reconnaissance ? »

« C'est facile », dis-je en riant, et enfourchant le lorry, nous filâmes à Pont-à-Mousson.

Laissant notre voiture à la gare, nous poursuivîmes à pied notre promenade, suivant la voie ferrée.

Les avant-postes étaient alors aux dernières maisons de la ville, où des factionnaires montaient une garde vigilante, abrités dans des embryons de tranchées.

L'un d'eux était à côté de la voie ; nous lui demandâmes où était l'ennemi.

D'un geste très vague, désignant l'horizon, il nous répondit que l'on n'en savait rien.

Sur plusieurs kilomètres en profondeur, régnait une sorte de no man's land, où l'on ne voyait guère, de distance en distance, que la trace du passage de quelques patrouilleurs.

« Où allez-vous ? » dit-il.

Nous répondîmes que nous avions mission de reconnaître l'état des ouvrages d'art de la ligne.

« Bon voyage, mais faites attention !... on ne sait jamais !... »

Et nous partîmes sur la voie en remblai.

Notre tactique était très simple : si nous étions aperçus et visés, le premier coup certainement nous manquerait ; nous devions alors nous jeter sur le côté, et, contents de l'aventure, revenir sur nos pas à l'abri du talus.

Le premier kilomètre parcouru, je commençai à me demander jusqu'à quelle distance nous allions continuer ainsi.

Lequel des deux en exprimerait l'idée, donnant ainsi le signal du retour ?

Nous passâmes à une bonne portée de fusil d'un groupe de maisons où auraient pu loger des Allemands.

Mon camarade, rieur et insouciant, ne s'inquiétait pas plus que s'il avait foulé l'asphalte des boulevards.

Je reconnus que je n'étais pas de force à lutter avec lui, et proposai comme but, l'examen d'un pont que nous apercevions à une faible distance.

Nous revînmes sans avoir rien vu ni entendu, satisfaits cependant de notre expédition.

Après quelques semaines, pendant lesquelles nous assurâmes seuls le service, les agents civils revinrent avec leurs familles à la gare de Dieulouard.

On croyait le danger écarté ou très diminué ; il existait toujours cependant, comme en fit la triste expérience un facteur enregistrant, dont l'unique enfant, aimable garçonnet de huit ans, fut coupé en deux par un obus quelques semaines après.

Notre chef de gare, homme âgé, très affable, ramenait avec lui sa femme et deux jeunes filles, qui mirent un peu de soleil et de gaîté dans notre existence

Je leur fis faire aussi un jour une expédition en lorry.

Désireuses d'aller faire un voyage à Nancy, elles étaient retenues par la crainte des difficultés du retour, l'accès des trains étant formellement interdit aux voyageurs civils, depuis la gare de Frouard.

Je renchéris sur leurs appréhensions, tout en leur offrant de surmonter la difficulté, en allant les chercher moi-même à Frouard.

Après quelque hésitation des parents plutôt que des jeunes filles, le projet fut adopté.

Au jour convenu pour le retour des voyageuses, je partis, emmenant comme compagnon le facteur enregistrant susnommé, ami respectable de la famille, cautionnant le caractère sérieux de l'expédition.

Nous trouvâmes au lieu convenu les jeunes personnes, qui s'installèrent commodément à l'arrière, sur les couvertures que nous avions apportées, et en avant les pédaleurs !...

La voie ferrée suit, sur une grande partie du parcours, une direction parallèle et à proximité de la **route.**

Nous dépassions ou rencontrions fréquemment beaucoup de soldats en voyage ; corvées de ravitaillement, vaguemestres, officiers à cheval, à bicyclette, en voiture ou en automobile.

Tous, en nous voyant venir, observaient curieusement ce genre de locomotion nouveau pour eux.

Au passage, ils nous interpellaient par un lazzi, ou nous décochaient un salut, mais aussitôt après, leur étonnement se muait en stupéfaction, en admiration, en ravissement décelant les sentiments qui soudain bouillonnaient en leur âme.

Ces jeux de physionomies, répétés exactement, dans le même ordre, à chaque groupe rencontré en prenaient de ce fait un comique irrésistible, et mettaient nos voyageuses dans une inexprimable et folle gaîté.

Les deux voyageurs que les yeux étonnés des passants leur avaient montrés au côté face du véhicule, devenaient côté pile, deux charmants minois de jeunes filles épanouies, joyeuses, riant aux larmes de l'aventure, et de l'émoi qu'elles provoquaient.

Le salut et les lazzi étaient aussitôt transformés en acclamations de surprise et de joie, et en baisers fous qui redoublaient les rires de nos gracieuses compagnes.

II

Mon service à Dieulouard fut interrompu avant terme par un accident banal et stupide.

Un détonateur d'obus, qu'un de mes hommes venait de découvrir près de chez nous, et que j'examinais m'éclata dans la main

J'eus le poignet, le bras et le ventre, criblés de menus éclats de cuivre, heureux au surplus d'être quitte pour si peu.

Je me fis panser à l'ambulance installée dans l'hôpital du village, puis prévint le capitaine d'avoir à m'envoyer un remplaçant.

Après son arrivée, je regagnai la compagnie à Champigneulles, et la voiture d'approvisionnements me conduisit à l'Hôpital militaire de Nancy.

J'y arrivai l'après-midi, la visite terminée et les majors partis.

Le stagiaire préposé à la réception des entrants, après examen de ma fiche, me désigna une salle que je cherchai dans un dédale de couloirs.

Quand je l'eus enfin trouvée, je frappai à la porte,

et des voix moqueuses ayant répondu, j'entrai, et me trouvai en présence de soldats, les uns couchés, d'autres debout, qui détaillaient narquoisement le nouvel arrivant.

Ayant demandé à qui m'adresser pour connaître ma place, ils montrèrent d'un geste vague une porte fermée, derrière laquelle était une autre salle.

« Va voir là-bas, tu trouveras peut-être la grand' mère ! »

Je continuai mes recherches, et, passant la porte, j'aperçus au fond d'une salle où tous les hommes étaient couchés, une infirmière âgée, pansant un grand blessé.

Je m'approchai d'elle en présentant ma fiche.

Un coup d'œil bref la renseigna sur mon cas, et je fus accueilli avec l'aménité de Cerbère à la porte des Enfers, recevant les âmes des trépassés laissés sans sépulture.

« Je vois ce que c'est !... un fricoteur !... rompez ! j'ai des gens plus intéressants à soigner.

D'abord, qu'est-ce que vous fichez ici ?... C'est la salle des grands blessés. Repassez-moi vivement cette porte ; si on a le temps on s'occupera de vous ! »

Je ne me le fis pas dire deux fois, et regagnai l'autre chambrée, où je m'assis sur un banc, au milieu des hommes encore plus hilares, qui me félicitaient en riant de ma réception.

« T'as vu la vieille !!!... t'en fais pas, c'est pareil avec tout le monde ! »

Quelques instants après, elle parut, toujours furibonde, me désigna un lit où en cinq sec elle disposa des draps neufs, et me dit de venir la retrouver ensuite avec mon pansement défait.

Ayant accroché ma musette et rangé mes petites affaires, je déroulai mes bandes et m'en fus, l'âme sereine, vers l'endroit où je l'avais vue disparaître.

Nouvelle acrimonieuse réception.

« Que voulez-vous que je fasse de ces bandes ? Allez les rouler, vous reviendrez après... »

Je m'en fus, aussi content, trouver un camarade complaisant pour m'aider, car je n'avais qu'une main valide, et je revins, toujours avec le sourire, ce qui eut l'air d'exaspérer la « Grand'mère ».

J'avais formé en mon esprit l'audacieux projet d'apprivoiser le Cerbère.

Dans la nuit, j'eus un commencement d'explication de l'humeur bourrue de cette respectable dame.

Elle était de garde en permanence, couchant dans une chambrette à proximité des deux salles.

Quand les hommes furent certains qu'elle était dans son lit, la chambre des demi-blessés commença à s'agiter, organisant peu à peu un chahut de potaches.

Aussitôt, apparut courroucée la mine rébarbative de la grand'mère, dépourvue de son voile d'infirmière, la blouse blanche remplacée par une large camisole grise, les cheveux ébouriffés, ayant complètement perdu le prestige attaché à son joli costume de jour.

C'est ce que demandaient les turbulents malades.

Près de la grand'mère, tous ronflaient bruyamment, mais le fond de la salle retentissait de tous les cris variés d'une cour de ferme.

« Miaou... cot cot codac... coin coin... kikiriquie... meuh... bêêe... gneuff gneuff... hi han, hi han... happ, happ. »

Si l'infirmière courait de ce côté, elle ne trouvait plus que des dormeurs, tandis que le concert reprenait à l'autre bout.

Dans sa légitime colère, elle s'indignait, tempêtait, menaçait, dans des propos décousus où il était souvent question du médecin-chef.

La comédie recommença plusieurs fois dans la nuit, et je compris que la plus douce garde-malade eût du, à ce régime, devenir enragée.

Le lendemain, après la visite du docteur, et mon pansement fait, je mis ma bonne volonté à la disposition de « Mère Colin ».

« Je n'ai qu'une main, Madame, mais je vous l'offre de grand cœur ; disposez-en autant qu'il vous plaira, je n'exige pas même la réciprocité. »

« Fichez-moi la paix, serin ; je n'ai que faire de vous et de votre main. »

Cette attitude hostile dura deux jours.

Le troisième, je me trouvai rencontrer la grand' mère, très embarrassée, un gros flacon dans chaque main, poussant devant elle la table à pansements à roulettes, à laquelle elle s'efforçait vainement de faire franchir la porte.

Sans m'offrir cette fois, je la contemplais, le sourire aux yeux, prenant un manifeste plaisir à la laisser se débattre dans ses difficultés.

« Que faites-vous, grand escogriffe, planté là comme

un piquet ? Vous ne pourriez pas pousser cette charrette ? »

« Avec un grand plaisir, Madame !!... » et incontinent je l'accompagnai, et l'assistai dans la mesure
de mes moyens à sa tournée de pansements.

Le lendemain matin, elle vint me chercher près
de mon lit de la chambre commune.

« Prenez vos affaires et venez avec moi ! ...» Elle
me conduisit dans une chambre particulière à un lit,
la seule de son service, et m'y installa en disant :

« Votre place n'est pas parmi ces anarchistes ! »

A dater de ce jour, je fus son homme de confiance,
au point qu'elle me donna la mission d'expurger la
petite bibliothèque où ses malades puisaient leurs
lectures, pour en éliminer les livres indésirables.

Je fis connaissance des autres dames de la Croix-
Rouge, infirmières bénévoles qui, sous la direction
de Madame Colin, infirmière professionnelle des
hôpitaux militaires, assuraient le service assez chargé
des pansements et de la literie, pendant et après la
visite des docteurs.

Cinq surtout, fréquentaient régulièrement notre
service : la nièce d'un général, la dame d'un com-
mandant-major, sa fille, jeune épouse d'un major
également, une vieille demoiselle et une dame d'âge
moyen.

Elles étaient toutes charmantes et très aimées des
blessés, contraste singulier avec l'animosité réelle ou
simulée que leur inspirait l'infirmière-major.

La dernière surtout, d'une exquise douceur, était adorée des malades, qui rêvaient tous d'être pansés par ses mains légères.

Cette ambition était visible chez les grands blessés, surtout, à qui chaque pansement occasionnait de cruelles souffrances.

Mais il y a une gamme dans la souffrance, comme dans le plaisir, et selon que les mains étaient plus ou moins douces, plus ou moins attentives dans le nettoyage des plaies, les douleurs des patients étaient plus ou moins vives.

Dame Colin, vieillie sous le harnois dans cette profession, infirmière experte et dévouée, mais un peu habituée, un peu endurcie aux souffrances des autres, ignorant les raffinements dans la bonté, y allait de tout son cœur, certes, mais d'un cœur sec, avec des gestes pressés et quelque peu brutaux.

Les infirmières, réparties en trois équipes de deux, commençaient chaque matin les pansements des grands blessés, en débutant par un bout et sur le même côté.

Trois pansements se faisaient donc à la fois, et chaque équipe finissant le sien prenait le suivant immédiat.

Aussi, personne ne pouvait deviner par qui il serait soigné.

Mais, quand approchait de son lit la blanche cohorte des infirmières, chaque blessé à demi soulevé sur sa couche, se livrait à un anxieux calcul des probabilités.

Plus que deux !... plus qu'un !... les chances sont

presques égales !... la grand'mère et madame Boudinot ont entrepris à peu près en même temps un pansement !... laquelle gagnera l'autre de vitesse et fera le pansement du blessé suivant, pour qui les secondes semblent des heures ?

Que d'angoisses j'ai vu passer dans ces yeux suppliants, sous des fronts moites, où la sueur de l'émotion perlait !

Les lèvres frémissantes, tout le corps secoué par le grelottement de la peur, les dents claquant, ces pauvres malheureux, à l'approche de la souffrance quotidienne redoutée, essayaient par avance d'en mesurer l'intensité probable.

Parfois, moi qui savais, j'étais pris comme ambassadeur.

« Pour l'amour de Dieu, dis-*lui* de se hâter !! »

Je *lui* faisais la commission, et, dans ces circonstances, madame Boudinot me laissait achever le travail : « Tenez, finissez de rouler la bande. »

La victoire était gagnée !!!... Quel soupir de soulagement, quel élan de reconnaissance et de joie soulevait le cœur du pauvre diable, en voyant s'approcher, enfin, l'ange aux douces mains, qui savait toucher aux plaies les plus affreuses, sans réveiller la souffrance.

Hélas, tout est égoïsme en ce monde : le suivant était consterné !!...

Je favorisais de préférence de mon entremise les plus gravement atteints.

Un, surtout, était bien fait pour exciter la plus vive pitié : le bras cassé, différentes autres blessures au corps ; un séjour prolongé au lit avait entamé le bas du dos, déterminant un vaste et pitoyable eschare.

Ce n'était plus qu'une plaie affreuse, plus large que la main, l'épine dorsale apparente, décharnée, derrière laquelle pouvaient passer les doigts, produisant chaque jour un pus abondant, fétide, mêlé aux matières dans un pansement qui devait envelopper tout le bassin.

Par une faveur unique, sur ses supplications, sans doute, ce blessé était réservé à ma bonne infirmière.

Avec des attentions de mère, elle nettoyait, pansait les affreuses plaies, avec des encouragements et des mots de tendresse.

L'esprit domptant la chair, elle puisait en son cœur la force de dominer l'insurmontable dégoût que cette horrible odeur infligeait aux narines, pour ne laisser voir que des yeux souriants, dans un visage serein, rayonnant de bonté infinie.

La détresse de son état emplissait de larmes les yeux du pauvre enfant, et un pâle sourire le rassérénait, quand, sa toilette achevée, la bonne dame le quittait, non sans l'avoir embrassé bien maternellement.

Qu'est devenu ce malheureux ? sa plaie me paraissait bien incurable.

J'en ai vu de plus blessés, mais la gravité même de leurs blessures les rendait un peu insensibles, dans une existence à demi-végétative.

Un, pourtant, malgré ses terribles blessures, était resté très vigoureux.

C'était un colosse, une espèce de brute, sortie du fond de je ne sais quelle cambrousse.

Un éclatement d'obus l'avait criblé d'éclats : il avait les deux bras cassés ; le nerf optique sectionné l'avait rendu aveugle ; un éclat logé dans le larynx l'empêchait de manger ; d'autres blessures encore par tout le corps.

Sa constitution extraordinaire l'avait conservé en vie très momentanément, il avait de l'appétit et pouvait crier.

C'est même ce qu'il savait faire de mieux, de nuit ou de jour — les deux pour lui se confondant — avec un langage fruste, jurant, sacrant, vitupérant, enguirlandant majors et infirmières.

Mère Colin lui apportait son repas : du pain bien délayé dans du lait tiède, et essayait de lui en donner quelques cuillerées.

Peu patiente par nature, comme il ne pouvait avaler sans souffrance et qu'il s'arrêtait aussitôt, elle s'en allait, semblant croire qu'il n'avait plus faim.

Aussitôt après il réclamait, hurlait, tempêtait : « Quelle est donc cette femme ? »

« C'est la patronne » répondaient les voisins.

« Eh ! la patronne, vieille garce, est-ce que tu vas me laisser crever de faim ? »

J'entrepris alors de l'alimenter.

Je lui donnais une cuillerée de nourriture, qu'il ngurgitait avec peine, après quoi c'était une longue pose.

Je recommençais quand il était remis, et l'absorption d'une tasse de lait se faisait ainsi en plus d'une heure.

« Qui que c'est le type-là ? » demandait encore le colosse à ses voisins.

« C'est le mari de la patronne !!... »

A dater de ce moment, je fus son homme d'affaires.

La nuit ou le jour, quand il avait besoin de quelque chose, il appelait d'une voix de stentor :

« Eh ! l'patron, aboule-toi ici !... »

Il mourut, huit jours après son arrivée.

Je me plaisais bien dans ce milieu, mais j'avais hâte pourtant de rentrer, craignant qu'une trop longue absence ne me fît perdre ma place à la compagnie.

Je demandai ma sortie de l'hôpital, avant la cicatrisation de mes plaies, promettant de faire continuer mes pansements par notre major.

Pour me faire plaisir, ma requête fut agréée, et j'allais dire adieu à l'hôpital, après une ultime visite du médecin et un dernier pansement.

Comme le docteur Gross, avec un stylet, extirpait encore des débris de cuivre qui se promenaient dans mon poignet, une fusée de sang gicla sous l'instrument.

Il venait de retirer un fragment, qui, enfoncé dans l'artère radiale, l'avait obturée jusqu'alors, formant bouchon.

Sa sortie était pourtant inévitable, et se serait produite un jour ou l'autre, spontanément, pouvant déterminer une hémorragie dangereuse.

Immédiatement, une corde de caoutchouc enserra mon bras, arrêtant la circulation du sang, et je fus emmené dans le cabinet du docteur, pour faire la suture nécessaire.

Pendant qu'il travaillait dans mon poignet, tirant sur l'artère avec ses pinces, cousant, ligaturant, notre chère infirmière m'avait pris la tête entre ses bras, cachant mon visage contre sa poitrine, pour prévenir mes défaillances, et masquer à mes yeux les détails de l'opération.

De ce coup, mon départ en fut évidemment ajourné.

Je rembaillai dans mes fonctions d'aide-infirmier.

Un peu plus de reconnaissance personnelle m'attirait vers madame Boudinot, avec qui je faisais maintenant régulièrement équipe.

Ne sachant comment la lui exprimer, je lui glissai certain midi, alors qu'elle partait déjeuner, une enveloppe fermée, renfermant une image de Ste-Vierge, au dos de laquelle j'avais fait imprimer ceci :

Hommage d'un blessé reconnaissant
A sa chère Infirmière.

Quand, sans être endormi, pour coudre mon artère
Je me livrai sans crainte à l'habile docteur,
J'avais trop présumé mon mépris de la peur,
Et devant la souffrance, mon zèle ne tenait guère.

Vous vîntes alors, Madame, comme une bonne mère,
D'une étreinte d'amour, presser sur votre cœur
Mes traits qui défaillaient, et, trompant la douleur,
D'un geste de tendresse, consoler ma misère.

Je cachais dans le blanc et délicieux asile
Ma tête, assurément pour cela très docile,
Et mon être, ravi, ne sentait plus la peine.

Aussi pour conserver plus longtemps ce doux nid,
J'aurais fait volontiers ouvrir une autre veine,
Et je regrettai que ce fut sitôt fini.

Dans l'après-midi, le front aux vitres de la fenêtre de ma chambre, le regard dans la cour mais l'esprit ailleurs, j'attendais avec un peu d'anxiété l'effet de mes vers de mirliton, quand ma porte fut légèrement poussée, une main passa, tendant ce qui me parut être mon enveloppe refusée.

« Tenez, sergent !... »
et la main, ainsi que ce qui était au bout, s'éclipsèrent.

J'ouvris le papier, inquiet, et trouvai un billet, réponse de la bergère au berger, qui contenait ces mots :

A l'instant où le sang coula de vos artères,
Je sentis tout le mien refluer jusqu'au cœur,
Et ma main impulsive fit le geste des mères,
Quand elles veulent apaiser et bercer la douleur.

Pour tout votre courage, ô soldat que j'envie,
Pour vos bons sentiments, enfant, soyez béni,
Et croyez qu'il est doux à la Femme de France,
De faire éclore la fleur de la reconnaissance.

J'avais ruminé plusieurs jours et plusieurs nuits la confection de mon laborieux poulet ; je m'inquiétais de savoir si elle comprendrait, et apprécierait mon geste.

En quelques minutes, au coin de la table de son déjeuner, elle y avait répondu, dans le même ton, avec une merveilleuse aisance, donnant à mon hommage un accueil merveilleux, que je n'eusse jamais osé envisager.

Evadé des réalités de la vie, mon esprit vagabondait dans l'azur éthéré des beaux rêves.

Jouissant pleinement de la joie parfaite de sa simple présence, tout mon être aspiré par un fluide magique, s'accrochait à sa blanche robe de charité...

La suivre comme son ombre !... la toucher comme une sainte !... partager son sourire avec les malades!... effleurer les bonnes mains en pansant les blessures!... tout ce bonheur envié était le mien, et il ne me serait pas retiré.

Bondissant, frappant à toutes mes veines, à coups précipités, mon cœur battait la chamade.

Quelques minutes après, la petite main fine apparaissait de nouveau, dans la porte entrebaillée.

Je m'en approchai, et sur les doigts aériens si légers, si compatissants aux pauvres blessés, en qui mes yeux voyaient cinq perles de bonté, je déposai un religieux baiser.

Des yeux se montrèrent, très doux, très tendres, joyeux, tandis qu'une voix aimée murmurait : « Vous m'avez compris, sergent !... » et, gracieuse et légère, l'apparition s'envola, courant au soulagement d'infortunes plus intéressantes que la mienne.

****

Je me serais volontiers éternisé dans cet asile de la douleur, qui était pour moi le paradis terrestre, mais la raison fut plus forte que mon goût et je partis dès que cela me fut possible, le bras en écharpe, incomplètement guéri.

La bonne « Grand'Mère » m'avait donné par une insigne faveur, une superbe bande de crêpe Velpeau, pour continuer mes pansements, et une provision de chauds lainages d'hiver.

Je retrouvai mon domicile et le compartiment de seconde classe attendant mon retour, à l'endroit même où je l'avais quitté.

Mes compagnons avaient trouvé une occupation d'attente, en construisant dans la forêt de Champenoux, un chemin de fer à voie étroite, pour les artilleurs.

Nous en étions à la seconde quinzaine de décembre, et notre grande préoccupation était de préparer un bon réveillon de Noël.

Les journaux, à cette époque, se faisaient à l'envi l'écho de généreux projets, proposant d'instituer une trêve d'hostilités de vingt-quatre heures à cette occasion.

Ce projet de pékins ne fut pas retenu par l'Etat-Major, mais en revanche, il décida d'accorder aux troupiers un supplément à l'ordinaire pour marquer la fête.

Dans notre popote, les gourmets organisèrent un réveillon plus raffiné.

Des décorations de verdure ornèrent le wagon salle à manger-cuisine.

Des conciliabules importants avaient lieu avec le cuisinier des officiers, qui avait accepté de nous donner son concours en cette grande circonstance.

Pendant que mes camarades organisaient la matérielle, je confectionnais les menus-invitations qui furent tirés à l'encre grasse.

Ce menu était accompagné des quelques vers suivants, inspirés de l'idée de Trêve de Dieu, qui était en l'air en ce moment :

Noël au front en 1914.

Pour ton anniversaire, ô nuit de grande fête,
Qui vit dans une étable naître le Rédempteur,
Pourrons-nous seulement, en ce temps de douleur,
Sur un fardeau de paille reposer notre tête ?

Noël, Noël, ce jour la joie sera complète,
Si la guerre un instant fait trêve à sa fureur ;
Pour glaner au passage une heure de bonheur,
Vite, qu'entre deux pierres notre festin s'apprête.

Chacun se reposant un instant sur son arme,
Du Noël précédent retrouvera le charme,
En célébrant gaiement un joyeux réveillon.

Puisse, ô Dieu, en ton jour de sainte délivrance,
L'explosion des bouchons remplacer le canon,
Et notre unique vœu sera « Vive la France ! »

Nous passâmes une soirée agréable, en joyeux devis et en chansons.

Les vieux Noëls et chants des bergers ayant ouvert le feu, nous fîmes défiler tout ce que chacun de nous pouvait se remémorer des bonnes chansons de terroir du beau pays de France.

M'étant couché tard, ou plutôt de bonne heure, et la tête un peu lourde, je fus réveillé en sursaut avant l'aube par un bruit formidable, suivi de près par un autre qui me précipita pour renseignements à la portière de mon wagon.

Je mettais la tête dehors, juste à temps pour voir l'horizon embrasé par un gigantesque feu d'artifice, avec accompagnement d'une troisième détonation.

L'explosion me paraissait si proche dans la nuit que je crus un instant la gare de Champigneulles atteinte.

Un moment après, un ronflement de moteur me fit dresser la tête, mais dans la nuit noire, malgré les faisceaux lumineux des projecteurs, qui s'étaient mis à fouiller le ciel, nous ne pûmes rien apercevoir.

C'était le premier bombardement de Nancy par zeppelin, au cours duquel l'église Saint-Epvre, notamment, fut très endommagée.

Dans notre groupe, un événement fâcheux avait diminué le plaisir de la fête.

Le matin du 24 décembre, le capitaine remettait à notre meilleur camarade, le sympathique autant que brave sergent-fourrier Vurpillot, l'ordre de se rendre au dépôt, sans aucun délai, pour être renvoyé dans ses foyers.

Il faisait partie de l'état-major directeur des usines Peugeot, et des influences puissantes avaient agi à son insu pour le faire revenir.

Il eut beau protester qu'il refusait de se laisser embusquer, rien n'y fit : l'ordre était formel et il ne lui fut pas seulement permis d'attendre au lendemain.

C'était l'âme de notre cercle qui s'en allait, l'organisateur, l'animateur, le boute-en-train de toutes les parties ; musicien accompli, il jouait en virtuose sur des violons qu'il fabriquait lui-même.

Nous étions navrés de le voir partir.

Il s'en fut, désolé, promettant bien de revenir, priant le capitaine de ne pas lui demander de remplaçant avant huit à dix jours.

Sitôt rentré chez lui, en vitesse, il s'enquit du piston moteur qui, croyant bien agir, l'avait redemandé, fit battre contre-vapeur, et, immédiatement réintégré, il reparaissait de nouveau au dépôt, assuré d'être renvoyé aussitôt à son ancien poste toujours disponible.

A son grand désespoir, cette mince satisfaction lui fut formellement refusée.

Le commandant du dépôt, ne pouvant endurer que chacun ne possédât pas sa couardise et sa mentalité d'embusqué, mit en œuvre tous les moyens, pour faire regretter à notre ami son geste généreux, et il n'y réussit que trop !...

Il fut conservé longtemps à l'instruction des recrues, occupé aux exercices d'entraînement fastidieux, à prendre des gardes, puis il fut affecté à un vague emploi de construction de baraquements.

Dans quels accès de rage me jetait la pensée de cette indignité, chaque fois que notre ami donnait de ses nouvelles.

Calme par tempérament, j'étais alors hors de moi, je trépignais, je fumais, je bouillais !!!...

Voilà le cas qui était fait par des officiers, des beaux élans de patriotisme esquissés sous leurs yeux !

« Ne mettez pas le pied sur la mèche qui fume encore !...»

A une époque où toutes les fibres de chaque citoyen auraient dû tendre, dans un seul et héroïque élan, vers le dévouement, l'abnégation, le sacrifice, il se trouvait des criminels pour éteindre la flamme sacrée, pour donner le coup mortel aux généreuses initiatives, des niveleurs dans la médiocrité, fossoyeurs des bonnes volontés, briseurs d'enthousiasme... des éteigneurs d'étoiles !!!...

Quel était donc le crétin qui commandait au dépôt du 5e Génie en ce temps ?

Avec celui de ses semblables, son nom mériterait d'être cloué au pilori de l'histoire, en bonne compagnie avec les traîtres et les défaitistes, qui voulaient empêcher ou rendre plus ardue la victoire de la France.

III

La veille de Pâques 1915, je reçus un ordre de mutation, pour rentrer dans une compagnie de réservistes territoriaux.

Adieu pour toujours le train parc et mes bons compagnons.

J'abandonnai mes livres à mes camarades, et partis le cœur serré, avec une douzaine d'hommes, objets de la même mesure.

Le lendemain, j'arrivais au petit village meusien de Lempire, où je reconnus plusieurs anciens condisciples du régiment, hommes, sergents et officiers.

Je m'installai avec une botte de paille au coin d'une grange, et pris contact avec mes nouveaux compagnons.

La compagnie était occupée à construire une ligne de chemin de fer dont la nécessité échappait pour l'instant à nos yeux, mais dont l'Etat-Major avait fort bien prévu l'utilisation future.

Ce tronçon fut d'une grande utilité, une année après, pour le ravitaillement de Verdun, lors de la grande offensive.

La grande ligne, étant alors virtuellement impraticable à Clermont-en-Argonne, les trains arrivaient par notre bout de voie, jusqu'à Dugny, à huit kilomètres en arrière de Verdun.

Lempire était fréquemment occupé par des troupes au repos.

J'y vis venir un régiment d'artillerie arrivant des Eparges, qui ramenait en tout huit canons utilisables.

Toutes les autres pièces avaient sauté pendant le tir.

C'était au point que les artilleurs redoutaient leurs canons, infiniment plus que les obus allemands.

Ils ne tiraient plus qu'à distance, terrés au fond d'une tranchée, tout le monde défilé au moment du départ.

Le travail achevé dans cette région, nous allâmes à Verdun, où nous fûmes cantonnés dans le Faubourg-Pavé.

Avec une compagnie d'active, nous devions y construire une voie ferrée, au-delà du tunnel de Tavannes, pour bombarder les Jumelles d'Ornes.

Trop près des lignes, et en vue de l'ennemi, ce travail ne se faisait que de nuit.

La journée se passait au repos du cantonnement.

J'étais logé avec plusieurs collègues, dans un coin de l'habitation d'une bonne dame très affable, avec qui nous fûmes promptement familiers.

Elle avait eu pour mari, un officier mort à la fleur de l'âge, lui laissant sur les bras six petits enfants, et pour toutes ressources une chétive pension de **veuve de capitaine.**

Par un travail acharné, augmentant son revenu par les petits produits d'une culture maraîchère, elle avait élevé merveilleusement sa nombreuse famille.

Quand nous la connûmes, elle était en deuil d'un fils, tué dans les premiers combats ; un autre fils, adjudant, avait été ramassé blessé par les Allemands, et était prisonnier.

Il restait près d'elle quatre jeunes filles accomplies, douées de toutes les grâces et de toutes les perfections.

L'une d'entre elles servait comme infirmière, à l'Hôpital Militaire.

Cette brave femme, si digne d'admiration, nous conta un jour une histoire suggestive sur le patriotisme de certain député.

En face de sa maison, de l'autre côté de la rue, sont les fenêtres grillagées de la caserne Chevert.

Dans les premiers temps de la mobilisation, la chambre faisant face fut occupée par un député, soldat volontaire, qui faisait là son stage d'élève officier.

Il eut vite repéré les jolis minois de ses voisines, envoya quelques saluts, des sourires, et, finalement, fit un trou dans le grillage, pour sortir plus vite dans la rue et s'introduire dans la maison.

Il se présenta, ès-qualités et puissance, apprit la pénible odyssée de la bonne dame, s'indigna qu'elle n'eût pu obtenir un bon bureau de tabac, et lui promit de lui en faire avoir un rapidement : n'était-il pas l'ami intime de Caillaux, à qui rien n'est refusé !

Tout cela, pour se faire bien voir et recevoir, et... rigoler avec les demoiselles.

Quand la dame, naïvement, l'avait félicité au début, de son beau geste de volontaire, il lui avait ri au nez.

« Pensez-vous ? c'est du chiqué !... tant que je suis ici cela va bien, mais le jour où l'on voudra m'envoyer au front, je me ferai porter malade et rentrerai à Paris. »

Cette cynique inconscience révolta la pauvre femme, veuve d'officier, dont un fils était mort et l'autre prisonnier.

Entre temps, le héros précipitait l'offensive, lutinant les jeunes filles qu'il voulait faire danser, tapant sur le piano.

Ses incongruités le rendirent odieux, et les moyens les plus variés furent essayés pour l'évincer.

Son indignité égalait sa lâcheté, et il fermait les yeux sur toutes les avanies.

Si on lui bouclait la porte de la rue, il passait par la cour.

A bout de patience, la respectable dame enduisit, un beau jour, de vieille graisse rance, les bords d'un petit pot, et la lui étala carrément sous le nez, en lui racontant quelque histoire sur la mauvaise foi des marchands.

Il comprit, cette fois, et ne revint plus que pour faire ses adieux.

Comme c'était son tour de départ au front, il était allé à la visite, et le major l'envoyait en congé... illimité !

Deux jours après, les traits tirés, l'air épuisé par les fatigues de la campagne, en vil comédien, il faisait au milieu de ses pairs revenus de Bordeaux, une rentrée triomphale, et la Chambre, debout, acclamait le guerrier, croyant laver sa lâcheté collective dans la glorification de l'héroïsme individuel d'un de ses membres.

*
* *

Nous assistâmes au premier bombardement par grosses pièces, de la ville de Verdun.

Avec une rigoureuse ponctualité, les obus arrivaient toutes les dix minutes.

Nous chronométrions les coups à la trotteuse, et, à la seconde précise, le sifflement avant-coureur se faisait entendre et nous cherchions des yeux en quel point allait se produire l'explosion.

Immédiatement, une immense gerbe de flamme, de poussière et de fumée fusait vers le ciel.

Le premier coup, merveilleusement repéré, tomba à la gare sur la rotonde des locomotives.

Je vis le lendemain le curieux travail de cette explosion.

Entre autres dégâts, une locomotive gisait, couchée sur le flanc. Le bandage d'une roue avant avait été arraché et découpé en plusieurs morceaux, sans que la roue elle-même ne présente aucune trace de choc : manifestation bizarre de la déflagration de la poudre, à rapprocher des phénomènes surprenants des effets de la foudre.

Par prudence, on nous fit déménager de ce quartier, le lendemain, et nous campâmes au petit bonheur, dans la carrière de Belleville et ses environs.

Pour mon compte, j'élus domicile dans une anfractuosité du rocher, creusée par des carriers pour s'abriter de la pluie.

Il y avait tout juste place pour un homme couché, aussi je ne fus pas incommodé par des voisins gêneurs.

Installé sur une copieuse litière de paille, je passai là quelques-unes de mes meilleures semaines de guerre.

L'ouverture de mon trou tournée vers l'orient, je goûtais chaque matin, étendu sur ma couche, le spectacle incomparable de merveilleux levers de soleil.

Nous étions en été, dans le moment idéal du camping en plein air.

Bercé par les joyeux gazouillements des oiseaux, saluant de leurs plus belles chansons d'amour l'aurore naissante, humant à pleins poumons l'air pur embaumé des mille fleurs des champs, je plaignais mes camarades, entassés à quarante dans un wagon fermé, à quelques pas de moi.

De Belleville, j'allais souvent en promenade à Verdun.

Chaque fois je traversais le cimetière du Faubourg-Pavé, où les alignements de tombes s'allongeaient déjà, en rangées nombreuses, interminables !

Y passant un jour entre midi et une heure, je fus

témoin d'une scène de réalisme d'un tragique macabre, digne pendant du drame de Shakespeare, et de ses fossoyeurs jouant aux boules avec des têtes de morts.

Juste à l'heure de la soupe, était arrivé des hôpitaux de Verdun, un convoi de sept ou huit cercueils, des soldats décédés dans la nuit précédente.

Deux cercueils avaient été descendus dans la fosse commune, béante, s'allongeant toujours en avant d'une douzaine de mètres.

L'un était recouvert de terre en partie, le second disposé en long, sur le bord comme un banc.

Les autres bières étaient en haut ; l'une d'elles en surplomb, dans un demi-équilibre, semblait regarder ce qui se passait au fond du trou, d'où fusaient des rires sonores, mêlés à de retentissants éclats de voix, et des applaudissements.

Il y avait là quatre fossoyeurs, qui, la soupe de midi avalée, attendaient la reprise du travail d'une heure, en jouant aux sous dans le fond de la fosse.

Deux étaient assis sur le cercueil, d'où ils arbitraient les coups, saluant de grands éclats de rire, le vainqueur adroit qui de son palet renversait le bouchon.

Je m'intéressais toujours aux inscriptions des croix, cherchant l'origine, les corps d'affectation des pauvres disparus.

Plusieurs, par les soins de camarades, ou de membres des familles venus prier sur les tombes, avaient une couronne mortuaire, une plaque de tôle émaillée avec inscription plus complète, les débris fanés d'un bouquet.

Une couronne attira plus spécialement mon attention. Attachées avec des épingles s'y trouvaient disséminées une trentaine de cartes de visites, et sur chacune d'elle, l'adieu déchirant d'une mère à son enfant : « Au revoir mon petit !... ma seule joie !... à bientôt au Ciel !... ne me quitte pas !... ô mon chéri !... adieu mon enfant !... mon trésor !... mon amour ! »

Comme en une litanie de la Vierge des Sept Douleurs, la pauvre maman avait égrené la peine de son cœur, pensant laisser ainsi des émanations plus actives de sa tendresse maternelle, de son insondable détresse, pour monter une garde vigilante auprès des mânes de son petit.

C'est un fait d'observation générale, que les mères furent les plus éprouvées, parmi les survivants des morts de la guerre.

Sœurs, épouses, fiancées, après de grandes démonstrations, s'habituaient ensuite plus ou moins à leur deuil.

Il y eut des veuves inconsolées, dont les foyers détruits ne connaîtront jamais un renouveau de joie, mais elles ne réunirent pas l'unanimité, et plusieurs oublièrent vite les disparus.

La douleur sincère et durable des mères n'eut aucune exception, et les blessés eux-mêmes, donnaient en mourant leur dernière pensée à leurs mères : « Maman !!! oh maman !!! »

On eût dit qu'aux deux bouts du cycle de la vie, la mort rejoignant la naissance, le lien ombilical un instant renoué, mélangeait à nouveau le sang des deux cœurs, dans une seule circulation.

Pauvres mères ! je vois encore cette humble paysanne, voyageant sans doute pour la première fois, venue en sabots du fond de sa campagne, voir son fils mourant à l'hôpital de Bourges.

Prostrée dans un abîme de désolation, elle eut la pitoyable et douloureuse satisfaction dernière, de fermer les yeux de son enfant.

Elle suivit le convoi, hagarde, les yeux perdus, et, quand le cercueil fut descendu dans la tombe, poussant un grand cri, elle se précipita dans la fosse !

IV

Comme une tribu nomade, nous pliâmes de nouveau nos tentes un beau jour, et partîmes pour une nouvelle direction inconnue.

Dans le train qui nous emportait, nous supputions les hasards de notre future destination, d'après le trajet parcouru.

Petit à petit, un grand espoir commença à luire à nos yeux : Epernay... Château-Thierry... Meaux... mais c'est la direction de Paris !

Le Bourget nous vit anxieux ; Paris tout proche, sous la main ; le conserverions-nous, ou le contournions-nous seulement, pour nous en écarter dans une autre région ?

Nous prîmes la Ceinture, pleins de trouble et d'espoir, et lorsqu'à Bobigny après un temps d'arrêt, nous eûmes l'ordre de descendre, un cri unanime de triomphe jaillit de toutes les poitrines.

Pour apprécier la joie que chacun éprouvait, il est utile de songer que nous étions tous partis depuis un an. On ne parlait pas encore en ce moment des permissions de détente.

Paris et ses environs immédiats, non consignés aux civils, cela signifiait pour nos camarades mariés la possibilité de revoir leurs épouses.

Les autres avaient tous des parents à Paris, et pour ceux qui n'avaient personne à recevoir ou à aller voir, il restait Paris, suffisant par lui-même pour les intéresser.

Pour moi, j'avais une raison spéciale d'en être satisfait : depuis quelques mois, mon infirmière avait quitté Nancy, et actuellement, elle était directrice d'Hôpital à Enghien.

Nous cherchâmes au petit bonheur des logements en ville.

Je finis par trouver asile, avec quelques amis, dans un hospice tenu par des religieuses.

Elles nous installèrent des lits, dans une salle de patronage des jeunes filles du pays.

Il s'y trouvait encore un piano et une estrade où elles jouaient leurs petites comédies.

Comme un de mes camarades, touchait par amusement quelques notes du clavier, nous vîmes approcher une jeune fille à démarche hésitante, qui, après avoir bien tourné dans la cour, finit par venir auprès de notre porte.

Nous reconnûmes avec émoi que c'était une aveugle pouvant avoir à peine une vingtaine d'années.

Liant conversation, elle nous apprit qu'elle était chargée dans cet hospice des fonctions d'organiste et nous demanda si nous étions musiciens.

« Hélas ! non, lui dis-je, mais nous aimons tous beaucoup la musique, et nous serions charmés de pouvoir applaudir un peu votre talent. »

« Je le voudrais bien, et je jouerais volontiers, si je ne craignais pour deux raisons d'être grondée par la Supérieure : trouverait-elle bon de me savoir parmi vous, et d'autre part, ce piano en signe de deuil, n'a pas été ouvert depuis la mobilisation. »

Nous la rassurâmes si bien, qu'elle accéda à notre désir et joua quelques airs.

Elle partit, toujours inquiète, et peu d'instants après, la Chère Mère la faisait appeler.

« Est-ce vous qui avez pianoté au logis des soldats?»

« Oui, ma Sœur ; ils me l'avaient demandé, en me disant que je leur ferais plaisir de jouer... Je ne croyais pas mal faire, mais je vous promets bien de ne plus recommencer... »

« C'est bon, cela va pour cette fois !... désormais, puisque cela fait plaisir aux soldats, vous vous tiendrez à leur disposition, pour leur faire de la musique, toutes les fois, et autant qu'ils vous le demanderont ! »

La pauvre enfant n'entendit pas la fin, et revint tout courant nous dire la bonne nouvelle.

Nous usâmes et abusâmes de la permission, à la plus grande joie de la petite artiste.

Privée de la lumière et de toutes les joies de la vie, elle aimait son art comme la seule distraction qui lui restât, et n'était heureuse que devant son clavier.

Sa vie de jeune fille, enfermée parmi des vieillards et des infirmes n'avait rien de gai, et notre société lui apportait une diversion inespérée.

Le seul moment de la journée qui comptait pour

elle était celui de notre rentrée, le soir après dîner, quand, la journée de travail toute passée au dehors, nous revenions à notre domicile.

Je m'amusais à observer son manège.

A quelque distance de notre chambre, dont la porte ouvrait de plain-pied sur la cour, elle faisait les cents pas, parcourant en tous sens les allées du jardin.

Souvent elle s'arrêtait, prêtant l'oreille aux bruits, impatiente d'ouïr les pas si espérés grincer sur le gravier.

Fébrilement, elle consultait sa montre, car elle lisait fort bien les heures au bout des doigts.

J'abrégeais son supplice, en signalant notre présence par quelque bruit.

Aussitôt l'attitude de la jeune fille se modifiait : sachant que nous venions, elle prenait une allure comiquement détachée, et ce n'était que l'effet du hasard, si le cours de ses pas la rapprochait de nous.

Il fallait la prier d'entrer... oh ! si peu !... car, à l'encontre des personnes de son sexe, elle ne savait pas dissimuler ses impressions, et son visage heureux, révélait sans mystère le secret de sa joie.

Aussitôt elle se mettait au piano et nous inondait d'harmonie, épuisant chaque jour son répertoire entier.

Les bonnes Sœurs de leur côté, ne savaient qu'inventer pour nous être agréables.

Mon premier dimanche étant libre, j'avais assisté dans leur chapelle, à la messe qu'y disait un prêtre soldat, qu'elles logeaient également.

Le samedi suivant, comme elles me donnaient

l'heure pour la messe du lendemain, je dus me récuser ; le travail chez nous était irrégulier, et j'étais de service dès cinq heures du matin, toute la journée de ce dimanche.

Elles étaient consternées, et sans penser qu'il en était ainsi habituellement, jugeaient que la privation de messe le dimanche, devait être pour moi le plus grand sacrifice.

Il y eut de longs conciliabules, qui aboutirent à m'honorer d'une messe dite spécialement pour moi, à quatre heures du matin, pour laquelle avaient été tirés hors de leur lit à une heure insolite, le prêtre célébrant, la sœur sacristine, la sœur servant la messe, la Supérieure, et ma petite aveugle pour tenir l'harmonium.

J'étais bien indigne de tout ce dérangement, et je m'arrangeai avec mes collègues pour en éviter le retour, mais je fus très ému de la bonne intention.

De Bobigny nous allâmes à Bussang pour faire un travail assez intéressant.

Nous montions des pylônes et aidions les ouvriers spécialistes, pour la construction du funiculaire reliant les Vosges à l'Alsace, franchissant la montagne, en effleurant la crête du tunnel de Bussang.

Ma compagnie était chargée du travail côté France, et une compagnie d'active, installée à Urbés, faisait l'autre côté.

Etant peu éloigné de chez moi, je profitais des

demi-journées de repos que nous avions parfois pour voir ma famille.

Au cours de l'un de ces voyages hâtifs, j'aperçus dans une gare une physionomie que je crus reconnaître.

Brillant militaire, la courroie de bidon en bandoulière, vêtu, sanglé, botté à la toute dernière mode :

« Eh ! mais j'y suis : c'est mon ami Emilien ; bonjour, bonjour, que faites-vous ici ? »

« Je suis le chef des G. V. C. », me répondit-il.

Le train qui partait déjà, mit du champ entre nos effusions, et je restai perplexe de la courte réponse.

J'avais hâtivement jeté un coup d'œil indiscret, sur la manche enluminée de deux galons dorés : étaient-ils horizontaux ? étaient-ils inclinés ?

Sans le secours d'un niveau d'eau, l'œil le plus exercé aurait eu du mal à le bien discerner, et voici en quoi ce petit fait avait de l'importance.

Les galons horizontaux disaient : « Je suis lieutenant, commandant pour la région la section des garde-voies et communications. »

Les galons inclinés, c'était seulement en langue soldatesque, leur chef, le sergent-major, quoi !

Après tout, je ne me cassai pas la tête pour approfondir ce mystère !

Notre travail, traversait la cour d'un hôpital tenu par des Sœurs, et parmi elles, j'en reconnus une de mon pays.

Elle avait dans cet établissement, les fonctions de pharmacienne.

En dehors de ce qui leur était utile, elle délivrait des médicaments au public, le pays et ses environs, n'ayant pas d'autre pharmacie.

Les pharmaciens patentés de l'arrondissement réclamèrent. La population insista pour conserver cette facilité.

Finalement, un modus vivendi fut imaginé par l'administration.

Elle délégua à Bussang, avec mission de contrôler les préparations pharmaceutiques de la bonne sœur, une vieille baderne de major-pharmacien à cinq galons.

Il coulait dans un hôtel une vie charmante avec sa moitié, venait quelquefois dire bonjour à la Sœur, et passait à la caisse toucher son traitement de colonel, en échange de son dur service.

Vers la fin de décembre, des combats meurtriers s'étaient déroulés à l'Hartmansvillerskopf, et beaucoup de blessés affluaient à l'Hôpital des Sources.

J'allai voir à la conciergerie le livre des entrants, pour savoir si dans le nombre il s'en trouvait de mon village.

Il y en avait un, répondant au nom de Jacquot.

Ce nom, assez commun chez nous, ne me renseignait pas. J'allai voir le blessé, qui était dans un état lamentable, méconnaissable, ne pouvant pas parler.

Il répondit par gestes à mes questions, suffisamment enfin pour m'éclairer.

« Grand Dieu ! pauvre garçon, attendez un instant, je ramène votre sœur ! »

C'était le frère de la sœur pharmacienne de l'hôpital civil.

Prenant mes jambes à mon cou, je courus à perdre haleine, lui annoncer la pénible nouvelle, car il paraissait au plus mal.

Elle eut la douloureuse consolation d'entourer ses derniers moments de ses soins affectueux, pas immédiatement pourtant : il mourut huit jours plus tard.

*
* *

Après Bussang, nous fûmes aiguillés sur Dijon, où nous arrivâmes la veille de Noël.

Je couchai les premières nuits, dans les grandes salles d'un vieux château qui se trouve vers le parc.

Le chantier s'organisa : un agrandissement de la gare de triage de Perrigny, avec établissement d'une grande rampe de lançage, qui nécessitait un très gros terrassement.

J'étais éloigné du travail, et je priai mes collègues, installés dans une ferme plus proche, de voir s'il n'y resterait pas de place pour me loger.

Sur leur réponse affirmative, j'amenai mon fourniment, leur demandant de me montrer mon coin.

Après quelque hésitation, que je trouvai bizarre, l'un d'eux me prit par le bras, m'entraîna dans la maison où, en haut d'un escalier, il ouvrit une porte en disant :

« Colle-toi là-dedans !... es-tu content ? »

Je n'en croyais pas mes yeux ; devant moi s'ouvrait une chambre coquette, meublée avec goût, presque luxueusement, toilette, table de travail, sièges, fauteuil, un embryon de bibliothèque, sur une cheminée qui invitait aux bonnes flambées d'hiver.

C'était la plus belle chambre à donner de la maison, plus belle que la voisine, occupée par l'adjudant.

Je n'en revenais pas que ce fût à moi, dernier arrivant, qu'échût cette aubaine, alors que mes collègues, installés avant moi, couchaient à deux dans les soupentes ou une arrière-cuisine parmi des débarras.

Je compris la brusquerie de mon camarade, un peu jaloux, n'ayant pas osé toutefois s'approprier la pièce, et le mystère me fut dévoilé peu après.

C'était le jeune médecin aide-major de la compagnie qui devait venir gîter ici, et c'est à son intention personnelle, que la chambre avait été garnie avec tant de goût, par les maîtresses de la maison.

Il y avait renoncé finalement, à cause de son éloignement du cantonnement des officiers, et, en raison de ce fait, la pièce se trouvait libre, juste à point pour m'y recevoir.

J'en pris possession bravement, comme en pays conquis, ne cherchant pas à savoir si j'étais discret ou indiscret, d'en user ainsi sans faire plus de façons.

Ce qui faisait mon bonheur était loin de faire celui de mes hôtesses, qui escomptaient près d'elles un jeune et sémillant officier, et constataient qu'elles s'étaient mises en frais, seulement pour un fruste sergent réserviste, qui allait au chantier avec de lourds sabots.

On le lui fit bien voir !!!...

Le lendemain, à la soupe de midi, le fauteuil avait disparu ; les jours suivants, ce fut le tour des différents accessoires de toilette, puis des livres, du vase à fleurs !!...

Je m'amusais énormément de ce petit manège.

Sur ces entrefaites, j'eus quarante-huit heures de congé que je mis à profit pour aller voir mon infirmière.

Elle faisait alors un petit séjour, dans une propriété qu'elle possédait à Vouthon-Bas, la patrie d'Isabelle Romée.

C'est là que je faillis être arrêté comme espion.

J'avais voyagé de nuit, et, après une longue marche matinale dans la neige, je me trouvai rendu à destination, à une heure peu avancée.

« Mon garçon, me dit mon infirmière, la maison est trop peu compliquée pour vous recevoir au salon ; allez vous promener pendant que j'achèverai ma toilette. »

Je fis quelques allées et venues qui me conduisirent à l'entrée du village, et je m'assis sur une borne regardant la campagne.

J'avais une grande pèlerine noire, accoutrement classique de tous les conspirateurs.

Je tuai le temps à lire un bout de journal, griffonner quelques notes, et restai ainsi peut-être bien une heure.

Ce temps avait suffi pour que je sois repéré, surveillé, le village avait été révolutionné, et, quand j'y rentrai, je me trouvai soudain environné d'une foule surgissant de toutes les granges, tandis qu'un homme ceint d'une écharpe, me demandait mes papiers.

J'en fus quitte pour la peur, mais je l'avais échappé belle !

Je passai là une bonne journée, où me furent chantés les mérites d'Isabelle Romée, l'incomparable mère, éducatrice merveilleuse, à qui la France est redevable de Jeanne d'Arc.

Je profitai du voyage pour visiter Domrémy, la maison de l'héroïne, la basilique, où je choisis quelques souvenirs.

Rentré dans mes pénates, je cherchai une occasion de rencontrer l'une de mes hôtesses, et lui demandai la permission d'offrir à chacune d'elles un souvenir de mon voyage.

Elle ne crut pouvoir faire moins que de me prier d'entrer un instant.

C'est tout ce que j'attendais pour leur raconter une série d'histoires, à l'issue desquelles, amusées, elles me quittèrent amicalement, avec promesse de se revoir.

La glace était rompue ; le lendemain, le fauteuil migrateur avait rejoint mon domicile ; ensuite, revinrent dans l'ordre naturel, les serviettes, les livres, le vase avec des fleurs !

Je sentis ainsi, ingénuement, que j'avais reconquis de haute lutte, la considération afférente au grade de médecin aide-major de quatrième classe.

Je n'en fus pas plus fier pour autant, mais en profitai pour jouir plus amplement de l'aimable société de mes charmantes voisines.

Je connus alors des détails intéressants, sur leur famille et le logis que nous occupions.

Ces deux sœurs, très différentes d'âge, appartenaient à une ancienne famille de la bourgeoisie, dont un des membres, conseiller au Parlement, avait été anobli par Louis XIV.

La plus jeune était mariée au maître de la maison, mobilisé, qui était, lui, d'origine irlandaise, descendant d'un officier de Jacques Stuart, qui avait accompagné son prince dans son exil en France.

La mère de notre propriétaire, bien connue dans les lettres sous le pseudonyme de Gabriel Franay, est l'auteur apprécié de différents livres pour la jeunesse, dont plusieurs furent couronnés par l'Académie française.

La maison que nous habitions forme le fond de décor de l'un de ses livres, et il me plaisait d'en suivre pas à pas toutes les descriptions.

Quelles bonnes soirées d'hiver je passai ainsi, tranquille, à Romeley.

La bonne demoiselle, musicienne dans l'âme, accompagnait au piano sa jeune sœur qui chantait à ravir.

D'une sensibilité, d'une délicatesse, d'une élévation de cœur et d'âme affinées à l'extrême, jusqu'au paroxysme, jusqu'à la souffrance, la chère Mademoiselle Claudie incarnait l'expression la plus haute de la perfection féminine et humaine.

Nous devînmes bons amis, et si j'éprouvais la plus grande joie à retrouver le charme de son agréable société, il n'était d'attention délicate qu'elle n'imaginât pour me faire plaisir.

Comme un enfant sans hypocrisie, comme la petite aveugle de Bobigny, ignorante elle-même des petites vilenies de la vie, elle ne savait pas, et ne cherchait pas à dissimuler ses sentiments.

Un après-dîner, j'étais avec mon équipe de travailleurs sur notre levée de terre, à quelque distance de la propriété.

Elle était venue à une porte du jardin, et de loin me faisait des signes d'amitié.

Je suivais fort bien son manège, et des yeux et du cœur, mais la présence de mes hommes qui n'avaient pas leurs yeux dans la poche, m'empêchait de le manifester, par une réponse aux saluts.

Finalement, supposant sans doute que je ne la voyais pas, elle sortit son mouchoir et l'agita gaiement au-dessus de sa tête.

« Tiens, tiens !... dit un loustic, y a un verre à boire par là ?... »

Pendant notre séjour à Dijon, je revins plusieurs fois dans ma famille, en permission de vingt-quatre heures.

Au passage d'Is-sur-Tille, nous étions l'objet d'une

petite tracasserie administrative dont nous ne savions pas apprécier tout le charme.

Tous les trains étaient vidés de leurs occupants, arrachés souvent à un profond sommeil, et quand le troupeau des permissionnaires, au grand complet, était tassé sur le quai de la gare, un jeune embusqué appliquait sur les permissions le cachet du commissaire régulateur.

Un adjudant faisait la visite du train, pour en expulser tous les récalcitrants.

Je résolus de le mystifier.

Un soir, vers minuit, rentrant avec une permission en règle, je pris place dans le dernier compartiment du train.

A Is-sur-Tille, je saute vivement sur le quai, prenant la première place des candidats au coup de tampon, et, aussitôt servi, je me reprécipite à mon compartiment où je m'allonge, feignant un profond sommeil.

Il était temps ; le juteux arrivait.

— Eh là ! cria-t-il, en bas...

— Rrr... rrr... rrr...

— Allons, réveillez-vous et descendez.

— Hein ? quoi ? c'est Dijon ?

— Mais non ! c'est Is-sur-Tille, descendez.

— Bon, bon, moi je vais à Dijon, je n'ai rien à faire ici !

— Mais je vous dis de descendre, pour faire viser votre permission.

— Ma permission est en règle, fichez-moi la paix et laissez-moi dormir.

— Tonnerre de sort ! je vous répète qu'elle doit avoir au passage le cachet de la gare !...

— Et moi je vous répète qu'elle est revêtue de tous les cachets voulus !

Il resta un instant muet, puis très sèchement me dit :

— Montrez-moi votre permission !...

Je lui tendis le papier, sur lequel il écarquillait des yeux étonnés.

Après quelques secondes de laborieuse réflexion, il comprit, et jetant rageusement le billet sur le sol, il partit, furieux, sans ajouter un mot.

Je quittai Romeley, non avec regret, car nos changements chroniques étaient trop prévus, mais avec émotion, et l'impression d'abandonner dans ses murs mes plus belles heures de la guerre et peut-être de ma vie.

« O ! Dante ! pourquoi dis-tu qu'il n'est pire misère qu'un souvenir heureux dans les jours de douleur ? »

Cette réminiscence de Musset me hante, chaque fois que je suis assailli d'idées sombres, au spectacle des laideurs, des compromissions, des vilaines choses et des vilaines gens.

Par delà les misères inhérentes à la vie, les lâchetés, les trahisons, les malhonnêtetés, je revois la douce et radieuse image de ma si charmante Demoiselle

Claudie, enchantement de mes pensées, objet d'admiration et de ravissement, de ma chère bonne Fée, ainsi qu'elle aimait m'entendre la nommer.

« *A son souvenir tout mon cœur s'illumine !* »

Et cette vision bénie d'un ange supra-terrestre, compense et rachète les tristesses humaines.

* *
*

Nous remontâmes vers le front.

A Clermont-Oise, on nous adjoignit pour aider au terrassement, une compagnie de fantassins territoriaux.

Parmi leurs hommes, se trouvait un professeur de philosophie d'un collège parisien.

Ses camarades et ses sous-officiers, pour la majorité des paysans simplistes, se moquaient de lui, et, par la revanche brutale de la matière sur l'esprit, prenaient un grand plaisir à le voir peiner au travail.

« Regardez le philosophe, nous disaient-ils en riant, quand ils le voyaient, haletant, considérer ses mains meurtries ; vas-y, vieux ! c'est le moment ou jamais d'exercer ta philosophie ! »

Ces procédés m'indignèrent, et la première fois que j'en fus témoin, entraînant mon bon camarade Anstette, nous prîmes chacun une pelle, pour finir la tâche du pauvre philosophe.

Il fut dès lors un peu plus tranquille, durant le temps de son séjour dans notre chantier.

Avec mon ami, nous nous arrangions pour l'occuper près de nous, à de menues bricoles.

Il nous tenait en revanche sous le charme de sa conversation de fin lettré.

****

Après Clermont, Estrée-Saint-Denis eut l'honneur de notre visite.

Le bureau de compagnie était installé dans une ferme, qui abritait en même temps dans ses granges la majorité des hommes.

Dans cette ferme, villégiaturait à cette époque, une Parisienne aussi jolie que coquette, moqueuse, rusée, espiègle, qui eut tôt fait de chavirer la tête de notre capitaine.

C'était un bien brave homme, à la belle figure grave, encadrée d'une merveilleuse barbe blonde, en fleuve !

La barbe du capitaine était la gloire de la compagnie.

La demoiselle en fit son chevalier servant.

Un jour qu'il était allé la retrouver dans le jardin où elle cueillait des fraises, elle le laissa approcher, lui fit tendre les deux mains, qu'elle recouvrit d'une large feuille de choux, où elle déposa les fruits de sa cueillette.

Elle rentra à la ferme, traînant dans son sillage son amoureux captif, les mains embarrassées de cet étrange fardeau, le conduisit en cet équipage au bureau, et, avisant le caporal vaguemestre, prit les fraises et les lui donna en disant :

« Prenez, caporal, c'est pour vous !... vous êtes le plus gentil, vous m'apportez des lettres !... »

« Mais ! mais ! et moi ?... » balbutiait notre amoureux stupéfait.

« Oh ! mon capitaine !... prenez-en si cela vous fait plaisir ! » Le brave caporal aurait voulu être à cinq cents pieds sous terre.

Les hommes qui s'amusaient comme de petites folles, parièrent à la jeune fille qu'elle ne ferait pas couper la barbe du capitaine.

Le défi fut relevé, et de ce jour, elle lui fit adroitement entendre, qu'elle n'aimait pas être embrassée par les hommes barbus !!!...

Un beau jour, le charpentier eut ordre de se présenter le lendemain à huit heures, chez le capitaine, avec ses outils. Le charpentier exerçait conjointement les fonctions de coiffeur.

Je n'étais pas dans la confidence, et fus intrigué ce jour au chantier, par mes sapeurs qui prenaient des mines graves, et regardaient fréquemment leurs montres.

« Attention ! le moment approche !... encore une minute !... dix secondes !... cinq secondes !... crac, ça y est !... le sacrifice est consommé : miserere ! »

En rentrant du travail, je croisai un officier que je ne reconnus pas, mais que je saluai pour ses galons, avec une arrière pensée de déjà vu.

Tout à coup, la vérité jaillit comme un éclair...

« Le capitaine !... le capitaine sans sa barbe !!!... »

Et, comme en un film intérieur, défilait en songe devant mes yeux amusés, la pléiade des illustres guerriers qui s'étaient laissés dangereusement blesser par les traits acérés du traître Cupidon.

Leur chef en premier lieu, Mars, le dieu de la guerre, surpris dans le lit de Vénus, et pris dans un filet ainsi qu'un papillon, par Vulcain, le mari délaissé de la belle !... Hercule aux pieds d'Omphale !... Samson aux cheveux coupés par Dalila !... Achille au désespoir de perdre Briséis !... Ulysse arrêté dans l'île de Calypso ! Enée accroché aux robes de Didon!... Roland que rendit fou l'inconstante Angélique !... Renaud désarmé par les charmes d'Armide !...

Amour, amour, quand tu nous tiens !!!...

Pendant que se passaient ces graves événements, j'étais logé chez une jeune gantière, dont la spécialité était de coudre les pouces, confectionnés par d'autres, au corps du gant.

Elle effectuait ce travail par centaines, avec une grande rapidité.

Il fallait d'abord retourner les pouces, qui lui étaient livrés à l'envers, et, à mes heures de loisir, je l'aidais dans cette tâche à la mesure de mes capacités.

En ai-je retourné des pouces !!...

La veille de mon départ j'étais à ma fenêtre ; elle,

dehors, appuyée au seuil, me tournait le dos, absor-
bée dans une lointaine rêverie.

Je suivais fort bien ses songes, dont l'expression
se cristallisait en mon esprit, dans ce joli passage du
poème anglais : The ships pass in the night.

Des bateaux passent dans la nuit,
Et se parlent l'un à l'autre en passant :
Rien qu'un signal qui se montre,
Et qu'une voix lointaine dans les ténèbres.

De même dans l'océan de la vie nous passons,
Et nous nous parlons l'un à l'autre ;
Rien qu'un regard et qu'une voix,
Et puis de nouveau ténèbres et silence. (1)

Avisant un cheveu fou égaré de ses bandeaux, je
jouais avec, puis tirant légèrement, je vis soudain
la tête obéir à ma traction.

L'atavisme se réveillant en moi, je suivis l'opération, comme un essai de résistance des matériaux,
me posant ce problème : « Quelle est la résistance à
la rupture, d'un cheveu de jeune fille ? »

Depuis cette expérience (digne d'une communication à l'Académie des Sciences), j'ai connu qu'un
cheveu est assez fort pour tirer en arrière la tête
d'une demoiselle qui ne s'en défend guère.

Dans le visage qui, renversé, était maintenant sous
le mien, je vis deux yeux tristes tout embués de
larmes, et des lèvres qui tremblaient attirèrent les
miennes irrésistiblement.

_____

(1) Longfellow.

V

C'est dans un secteur plus agité que nous conduisit notre destin.

L'offensive de la Somme était déclenchée, et il fallait des voies nouvelles, pour amener les munitions à l'arrière immédiat du front.

Après une tentative de cantonnement dans Laneuveville-les-Braye, nous dûmes abandonner le village trop bombardé, et installer un campement de fortune au revers de la forêt de Proyart.

Nous avions à construire un gros remblai, pour traverser le ravin de Proyart, nécessitant le déplacement de cinquante mille mètres cubes de terres.

Le capitaine avait un délai d'un mois pour terminer ce terrassement, hommes et matériel qu'il jugerait nécessaires lui étant accordés.

On nous adjoignit deux compagnies d'infanterie, où je retrouvai notre bon philosophe.

C'était un chantier de forçats.

En trois équipes se relayant, faisant chacune sans pose huit heures de travail, la pelle et la pioche, reprises par d'autres mains, n'avaient aucun arrêt, ni de jour ni de nuit !

« Plus vite ! plus vite ! et chargez davantage !... »

Les trains de wagonnets chargés allaient se déverser sans arrêt dans le gouffre.

Si l'un d'eux sortait du rail par hasard, vite, la rame entière, basculée, roulait dans le ravin pour ne pas retarder la suivante.

Un train de wagons vides reprenait aussitôt la place du premier, tandis qu'une équipe avec des chevaux prenait son temps pour retirer les autres du trou.

Le capitaine ne tolérait pas les oisifs autour des travailleurs.

Aux soldats curieux des formations voisines, qui venaient visiter le chantier, il demandait :

— Vous n'êtes pas pressé, mon ami ?

— Mais non, mon capitaine !...

— C'est parfait, prenez donc cette pelle qui vous tend le bras, et tâchez de suivre les camarades !!

Relâché deux heures après, le volontaire forcé ne demandait pas son reste, et ses camarades, informés du régime, ne se présentaient plus.

Dans ce coin mouvementé où passaient constamment des troupes nombreuses, ravitaillement, cavaliers, artilleurs, fantassins, où campaient les trains de combat, la vie était différente de celle que nous avions connue jusqu'alors, et nous donnait de fréquents sujets d'intérêt ou de distraction.

C'est un artilleur qui, rongé par les totos, avait

un jour suspendu sa chemise à un arbre, et le torse nu, à coups de revolver, tuait les bestioles.

« Tiens, salaud !... carnivore !... parasite !... omnivore !... encore un qui ne me bouffera plus !»

Il en fusilla quelques douzaines, et la chemise était devenue une dentelle.

La suite normale de la campagne offensive, nécessitait un service de renseignements renforcé, assuré par une nuée d'avions et de ballons captifs.

Nous comptions parfois dans notre horizon une trentaine de ces ballons saucisses, et des avions sans nombre circulaient sans interruption.

Parfois un Allemand pénétrait dans nos lignes sur un appareil français capturé, et cherchait par des balles incendiaires à détruire les saucisses.

Il réussissait parfois, et je vis plusieurs des nôtres descendus.

Aussitôt reconnus et signalés, les ballons descendaient au plus vite, et toutes les batteries contre-avion, entraient immédiatement en action.

C'était une joute impressionnante, entre l'adresse des artilleurs et la subtilité de l'aviateur, pour déjouer leurs coups, sortir de sa ligne de vol par des écarts brusques, des descentes, des cabrioles, qui remettaient à chaque instant en question le pointage et la recherche de la distance.

Je fus témoin un jour d'un spectacle terrible.

Nous étions au plus fort de l'été, la chaleur était

accablante, le temps lourd, et, dans un ciel de plomb sans nuages, les saucisses et toutes les flottilles, sans méfiance, étaient en l'air.

Tout à coup, sans aucun signal précurseur de l'orage, un vent impétueux s'élève, emportant dans les airs des nuages de sable et de poussière.

C'était une subite et violente tornade, et aussitôt après, les nuages de sable étaient abattus par une pluie torrentielle.

Les aviateurs surpris fuyaient devant le grain.

Croyant gagner la tempête de vitesse, pour aller atterrir dans un secteur plus calme, ils faisaient des bonds fantastiques, descendant presque à toucher terre, pour se redresser subitement, violemment emportés comme des feuilles mortes, par un vent impétueux, beaucoup plus rapide que leurs appareils.

Les treuils des ballons d'observation, lancés à toute vitesse, ramenaient les saucisses au sol prestement.

Toute la vitesse qu'ils y mettaient était insuffisante, tant fut instantanée la venue de l'orage.

Un éclair subitement déchira les nuées. De son terrible paraphe rouge, zébrant le ciel ainsi qu'un doigt accusateur, il désigne un ballon.

Il y porte le feu du ciel, et dans un formidable fracas de tonnerre, la saucisse en flammes accéléra sa chute.

Un cri unanime d'horreur et d'effroi s'était échappé de toutes les poitrines, quand on vit l'observateur enjamber la nacelle, et sauter dans le vide, soutenu bientôt par son parachute.

Quelques secondes après le premier embrase-

ment, un deuxième éclair incendiait la saucisse voisine.

Puis une troisième avait le même sort.

Leurs observateurs eurent le bonheur de réussir, ainsi que le premier, leur terrible saut dans le vide,

Nous eûmes le spectacle tragique des trois saucisses voisines descendant dans les flammes, pendant que les trois parachutistes atterrissaient indemnes à quelques secondes d'intervalle.

Une autre saucisse était arrivée a terre.

Son observateur enjambait la nacelle, pour reprendre contact avec un sol plus ferme, lorsqu'arriva sousain un violent coup de vent.

Le ballon drossé, rompant son amarre, fit un bond terrible dans le ciel, emportant tête en bas son aéronaute, dont le pied était noué dans un cordage.

Nous apprîmes ensuite par ses camarades, que ce voyage fantastique avait eu son épilogue dans la région de Verdun, où le voyageur malgré lui, dans un atterrissage relativement heureux, avait eu seulement un bras cassé et quelques contusions.

Auprès de notre chantier se trouvait un dépôt de munitions, et ce compromettant voisinage, connu des Allemands, nous valut l'honneur de maints bombardements.

Cette circonstance était la seule qui permît une suspension temporaire du travail.

Au premier éclatement, comme une envolée de moineaux, tout le monde se sauvait, laissant passer l'averse, à l'abri précaire de quelque tranchée.

Grâce à cette prudente fuite devant le danger, nous n'eûmes dans ce secteur agité, que cinq morts à déplorer, ce qui est déjà bien trop certainement.

Ces paniques donnaient lieu parfois à des scènes divertissantes.

Certain jour, après un bombardement plus copieux que de coutume, l'infirmier, de retour, ne trouva plus son patron, notre distingué médecin aide-major de quatrième classe.

Le cherchant partout, il commençait à s'inquiéter, lorsqu'il l'aperçut tremblant de tous ses membres, plus mort que vif !... sous la table des médicaments!...

Il dut l'en sortir par les pieds, et lui donner des sels pour lui faire reprendre ses sens.

L'aventure prenait sa saveur du fait que ce héros, à l'époque où nous l'avions touché, dans un secteur paisible, voulait toujours chercher des émotions.

Il était servi, ici !... généreusement !...

Ce petit gradué en médecine se croyait un grand personnage, et je l'avais ramené à une plus juste notion de son importance, peu de jours auparavant.

Mon ami Anstette, chargeant un jour le fourgon des bagages, lui avait demandé avec sa rondeur habituelle :

— Et votre boîte à copahu, où faut-il la mettre ?

Outré d'un tel manque de respect pour sa trousse à médicaments, le major s'était plaint au capitaine qui, pour s'en débarrasser, avait sermonné mon collègue.

Je lui avais promis une revanche.

J'en trouvai l'occasion quand nous étions à Laneuveville, dans une maison évacuée.

Le major, étant venu nous demander si nous n'avions pas quelque chose à lire, c'est moi qui me chargeai de lui répondre.

— Mon Dieu non, lui dis-je, je n'aurais guère que Don Quichotte à vous offrir, mais ce n'est pas une lecture pour votre âge !

— Est-ce que vous me prenez pour un enfant, pour m'offrir cette niaiserie ?

— Ah permettez ! ce n'est pas du tout ainsi que je l'entends ! Don Quichotte, le plus grand chef-d'œuvre de la littérature espagnole, est en bonne place, parmi les trois ou quatre premiers livres du monde entier, l'antique cu le moderne.

Mais il demande, pour être apprécié à toute sa valeur, une certaine maturité d'esprit que vous ne possédez pas encore. Cela vous viendra peut-être avec l'âge ! »

Comme il s'en allait furieux, avisant un vieux roman qui traînait sur une étagère, je le rappelai, car il n'avait pas son compte !

— Dites, monsieur le toubib, voici Zigomar ! cela conviendrait peut-être à vos goûts ? »

Il bondit aussitôt : « Qu'est-ce que vous avez dit ? »

« Je vous offre Zigomar !... »

— Mais comment m'avez-vous appelé ?

— Je vous ai appelé monsieur le toubib !... étant Algérien vous-même, vous n'ignorez peut-être pas ce que ce mot signifie !

— Vous êtes un impertinent, je vais me plaindre au capitaine !

— Allez plutôt vous plaindre à votre maman !... le capitaine est un homme intelligent, il se moquerait de vous !!!

Mes collègues se tenaient les côtes, et mon camarade Anstette jubilait de se voir ainsi vengé.

J'étais le seul, à vrai dire, qui eût pu sans danger se permettre une telle fantaisie.

Je me savais immunisé contre les reproches du capitaine, parce qu'en chaque circonstance j'étais volontaire pour toutes les corvées.

Je n'admettais pas davantage d'aller en permission lorsque c'était mon tour, si je croyais être utile, pour mener à son terme un travail commencé.

Je perdis un tour, mais m'en inquiétais peu.

Il me considérait, ou me craignait, sans doute un peu aussi, pour mon rire amusé, quand je les voyais tous, les officiers en tête, filer comme des lapins au moindre éclatement.

Pour une cause ou une autre, c'était un fait acquis, il n'avait aucune prise sur moi.

Je n'étais pas parfait, sujet comme d'autres à des erreurs ou des négligences de service, beaucoup plus même que plusieurs admirables camarades.

Jamais je n'en fus réprimandé.

Quand le capitaine en était trop énervé, il passait sa colère sur un autre !

*
* *

Une nuit, nous fûmes gratifiés d'un spectacle inoubliable, grandiose et tragique.

Le gros camp de munitions de Marcel-Capy, à quatre kilomètres de nous, sautait dans un éblouissant feu d'artifice.

La féérie dura trois longues heures, de minuit à trois heures du matin.

Le camp avait bien été fractionné en de nombreux dépôts isolés les uns des autres, pour diminuer le risque, mais cette précaution fut inutile.

L'un après l'autre, chaque dépôt sautait, atteint par les éclats des explosions voisines, et le sinistre, gagnant de proche en proche, convertit tout le camp en une vaste fournaise.

Un grondement ininterrompu signalait l'éclatement permanent des obus, scandé de temps à autre par le bruit de tonnerre de l'explosion brutale d'un lot de munitions, qui, embrasant la nuit dans une immense flamme, projetait un bouquet fantastique d'étincelles, étoiles de la terre, qui se perdaient très haut dans les constellations du ciel.

VI

Vers le mois de septembre, je fus détaché à une compagnie voisine, qui manquait de sergents ayant reçu la formation de chefs de gares, pour l'exploitation d'une ligne dans le secteur anglais.

Cette unité était commandée par le capitaine Leclerc, que j'avais connu lieutenant, douze ans auparavant, dans mon service actif.

« Mon cher ami, me dit-il, je suis très satisfait de vous retrouver ; nous allons faire de bonne besogne.

Pour vous marquer ma sympathie, je vous confie le meilleur poste ; vous serez chef de service à la gare d'Albert. »

Je le remerciai de ses bons sentiments, et m'en fus au bureau, près de mes nouveaux collègues, me renseigner sur la situation.

La ligne à exploiter était encore en construction.

Partant d'Albert, elle aboutissait en ce moment à Montauban, point terminus à trois kilomètres des lignes.

Je me trouvais en fait au point le plus reculé vers l'intérieur.

Je bondis derechef trouver le capitaine.

« Puisque vous désirez me faire plaisir, j'ambitionne un bout de la ligne, mais celui de la tête et non celui des pieds ! »

Il me fit observer toutes les difficultés, les dangers de ce poste.

Sous le feu direct des ennemis, le service des trains s'y ferait, pour débuter, sur des rails posés directement à même sur le sol boueux, sans aucun ballast, et les déraillements seraient fréquents.

— Parfaitement, mon capitaine ! c'est là exactement tout ce qui me convient ! »

— Je n'attendais pas moins de vous, me dit-il ; je n'avais pas encore attribué ce poste, vous le réservant, mais je préférais vous le voir demander.

J'aurais été déçu si vous ne l'aviez pas fait, quoique cette hypothèse me semblât peu probable. »

C'est dans ces conditions que je fus promu chef de gare de Montauban.

Ce nom nous avait amusés quand, les temps précédents, il paraissait au communiqué (Les Allemands s'accrochent aux positions de Montauban).

« Bouffre ! disions-nous, les gensses de Toulouse et de Carcassonne peuvent préparer la défense de leurs remparts, ils frémiront en lisant les journaux ce matin !... »

Il y a Montauban (Tarn) et Montauban (Somme), mais je ne croyais pas, alors, devoir en devenir l'une **des autorités.**

En attendant mon départ, je visitai Albert, très endommagé par les bombardements.

J'y contemplai le tableau curieux, universellement connu, de la Vierge dorée qui couronnait la basilique, tenant l'Enfant Jésus bénissant, au bout de ses bras tendus.

Un obus avait tordu la grosse tige de fer qui fixait la statue au sommet de la flèche.

La Vierge était penchée maintenant vers le sol, tendant son Fils aux hommes à qui Elle semblait dire :

« Prenez-le, recevez-le dans vos bras ; les barbares m'ont mutilée, je ne puis plus rien pour la protection de l'Enfant divin qui va échapper à mes mains ! »

Je fus le jour suivant visiter mon nouveau poste, et l'emplacement de ma gare encore bien mal prête.

C'est un mot bien pompeux de l'appeler une gare, bien que ce fût le point terminus de la ligne.

Dans un terrain effroyablement dévasté, à perte de vue, les trous d'obus de tous calibres se touchaient comme dans une écumoire.

On avait hâtivement bouché les trous, et égalisé le sol sur une étroite bande.

Traverses et rails, jetés directement sur ce sol mouvant, constituaient la ligne de chemin de fer.

La gare de déchargement s'y reconnaissait seulement à une double voie, et à deux aiguillages, pour le changement de bout des locomotives.

Une cabane de planches, aux trois quarts enfoncée dans la terre, devait dans ce désert me servir d'asile.

On me donna deux hommes pour aider au service.

Je venais avec eux prendre possession de mon poste, accompagnant de nuit le premier train qui s'aventurait en ces lieux, quand le service fut bruyamment inauguré, par un bombardement qui dura près d'une heure.

Comprenant que l'ouverture de l'exploitation était prématurée, nous n'insistâmes pas, et ramenâmes le train avec son chargement.

J'attendis en arrière à Carnoy, pendant une douzaine de jours, que les circonstances deviennent plus propices, pour renouveler la tentative.

J'eus en ces lieux l'occasion de voir les troupes anglaises au repos.

Les soldats avaient chaque jour des séances d'exercice.

J'étais émerveillé en regardant leurs mouvements d'ensemble ; impeccables, raides et secs comme des automates, ils obéissaient à des ordres claquant comme un fouet, qui ressemblaient à un aboiement, plus qu'à une voix humaine.

On parle de l'exercice à la prussienne, mais j'imagine que sur ce point les Anglais n'envient rien aux Allemands.

Je vis aussi les soirs, des réunions récréatives agrémentées de concerts.

Leur spectacle, tout nouveau pour moi, en était fort curieux.

Les assistants, officiers et soldats, tous en grande tenue, comme à une soirée chez la colonelle, se trouvaient réunis autour d'une longue piste.

Le plus haut dignitaire d'entre les officiers présidait la séance.

La musique faisait à ce moment son entrée dans le champ.

Dans un décor archaïque du plus curieux effet, elle perpétuait sans l'ombre d'un changement, la musique des ancêtres, qui conduisait la danse au temps de Fontenoy.

Un grand tambour-major dirigeait la cohorte, revêtu d'un brillant costume de higlander, chamarré de dorures, queues blanches ballant entre les jambes, et perché sur sa tête, l'immense bonnet à poil.

Six autres higlanders avec la jupe courte, mais coiffés cette fois du calot écossais, soufflaient et pressaient dessus les cornemuses, et ces outres de vent emplissaient les oreilles de leurs sons nasillards.

Les joueurs de fifre arrivaient derrière eux, tirant de leurs sifflets une musique aigrelette.

Leurs uniformes étaient ceux des Gardes Françaises, souliers à boucles, bas blancs sous la culotte courte, grand habit clair à basques, et le tricorne en tête.

D'autres gardes semblables, armés de baguettes à grosses boules rondes, frappaient sur des tambours, longs et à fonds sphériques, en usage jadis dans les armées du Roy.

Le chef arrêtant sa troupe au milieu de l'arène, allait saluer dans un geste pompeux le présidênt de cette réunion, qui donnait par un signe l'ordre de commencer.

L'orchestre se mettait à jouer en marchant, non au pas cadencé, mais d'un pas mesuré, à longues enjambées, et la mélopée criarde des cornemuses, s'alliait dans une symphonie bizarre du plus curieux effet, au tire lire lire ran plan plan des sifflets et des tambourins.

Au bout de la piste, l'orchestre pivotait, par un méthodique et double changement de direction, moitié à droite et moitié à gauche, et revenait sur ses pas en continuant de jouer.

Des pompons et des plumets ornaient sur toutes les coutures les higlanders et leurs instruments, mais l'effet le plus comique était produit par une longue queue blanche pendue à leur ceinture, qui, pendant la marche, balançait entre leurs jambes, dans un rythme uniforme au plus haut point cocasse.

Après plusieurs morceaux joués de cette façon, le chef, en cérémonie, allait de nouveau saluer le président, qui lui donnait la permission de se retirer.

Quand nous crûmes les Allemands un peu plus assagis, le capitaine décida d'essayer une autre expédition.

Les Anglais, entre temps, utilisaient la ligne pour effectuer sur son parcours des déplacements de dépôts de munitions qu'ils transportaient avec des lorrys.

Je le savais, et je crus prendre suffisamment de précaution en faisant à pied, dans la soirée, le trajet Carnoy à Montauban, pour prévenir tout le monde du passage du train, afin qu'il ne fût pas laissé d'embarras sur la voie.

La région étant très vallonnée, les trains étaient tirés par deux locomotives.

Pour plus de sûreté, au départ de Carnoy, je m'assis sur le tablier avant de la première machine, afin de scruter la voie dans la nuit.

Tout éclairage était formellement interdit, et impossible à proximité des premières lignes.

Nous marchions à une allure prudente, quand, dans les ténèbres, je crus discerner une masse sombre sur la voie.

Le temps de donner l'alarme, de la transmettre à la deuxième machine, il était trop tard, et nous tapions en plein, sur six lorrys chargés d'obus et de gargousses.

Quelle salade, mes enfants !...

Quand nous fûmes enfin arrêtés, tous les lorrys avaient perdu leurs chargements ; une gargousse avait sauté près de moi sur la machine ; d'autres gisaient au milieu de la voie, juste sous le foyer !

Les lorrys basculés sur le côté de la ligne, nous reprîmes la marche, pour arriver sans nouvel encombre à Montauban.

Le train fut déchargé et renvoyé avant le jour, tandis que je restais pour de bon dans ma gare.

Le service s'établit peu à peu.

Très pénible au début, à cause des déraillements continuels, il devint plus facile quand la voie eut reçu l'empierrement nécessaire.

Entre les manœuvres de trains qui, au début, étaient exclusivement nocturnes, je m'intéressais aux événements du voisinage.

Je vis le général Douglas Haig, qui me demanda quelques renseignements sur notre exploitation.

J'étais sur le passage des troupes de relève, et il défilait tous les jours des soldats, les uns montant, les autres descendant, crottés, boueux, en pitoyable état.

Toutes les races du monde passaient devant mes yeux : Canadiens, Australiens, Néo-Zélandais, Cafres du Zoulouland, cavaliers hindous au profil si pur.

****

Le village de Montauban était détruit.

Quelques ruines subsistaient encore, mais la plus grande quantité des débris de maisons, avait été utilisée pour la reconstruction des routes.

L'église, en particulier, était complètement démolie, et ses matériaux dispersés.

Sur ce terrain presque désert, où la trace des fondations marquait seule les contours de l'ancien édifice, se dressait isolé, à sa place primitive, un autel surmonté d'une statue de la Vierge, qui ne portait la trace d'aucune égratignure.

Par quel phénomène, ou bien par quel miracle

avait-elle pu traverser sans atteinte, l'effroyable tourmente et de fer et de feu, qui avait détruit le reste de l'église ?

Quelles mains pieuses avaient eu assez d'égards, et encore plus d'adresse, pour compléter ensuite l'enlèvement des décombres, en ménageant à ce point l'image vénérée ?

Elle regardait à terre, avec des yeux d'expressive douceur, et, les deux doigts de la dextre, levés dans un signe d'affectueuse tendresse, Elle faisait le geste de bénir !!!... un énorme obus non éclaté, qui gisait, vaincu, juste au pied de l'autel !

Triomphe de la vie sur l'engin de la mort ; victoire de la grâce et de l'amour, sur les puissances déchaînées de la barbarie et de la haine.

Cette scène émouvante, ma plus belle vision de guerre, avait pour pendant tragique, à la sortie du village, le martyre d'un calvaire, déchiqueté par les éclats d'obus.

Sur une grande croix de mission, dont les bois en lambeaux étaient restés debout, le Christ, lamentable, pendait, ayant eu un bras et les jambes brisés.

Le bras cassé ballant d'une part, les jambes clouées de l'autre, le reste du corps, suspendu par une main, balançait dans le vide.

Une expression des traits du visage, aggravée par l'ambiance, semblait révéler l'ultime tréfond de la détresse infinie.

Empoigné par l'horreur de la vision sinistre, instinctivement, je mettais sur les lèvres du divin Crucifié ses propres paroles :

« Ils ont brisé mes jambes et mes bras, ils ont rompu tous mes os : mon Père ! mon Père ! n'est-ce pas assez d'avoir été crucifié une première fois? Fallait-il donc que je fusse mis en pièces, pour que Vous accordiez à la folie des hommes une seconde rédemption ? »

Le calvaire était à une croisée de route au passage de tous les soldats.

Comme un général passant en revue ses troupes, il semblait présider à la cérémonie de la relève.

Tous ceux qui passaient à ses pieds, avaient dans leurs yeux la même expression d'horreur apitoyée, et ils se découvraient en passant, sans distinction de races ou de religions, catholiques, protestants, fétichistes d'Afrique, mahométans, boudhistes, ou shintéistes.

Comme les gladiateurs antiques, défilant dans l'arène, saluaient jadis le César romain :

« Ave, Caesar, ceux qui vont mourir te saluent », ces combattants du Droit se rendant au combat, offraient au Roi du Ciel l'hommage de leur sacrifice :

« O Crux ave, spes unica, morituri te salutant ! »

O CRUX AVE MORITURI TE SALUTANT

R. COLIN

O Croix, ceux qui vont mourir te saluent

VII

L'hiver tôt venu, le temps avait repris :

« son manteau de vent, de froisdure et de pluye ».

Près de mon gourbi, au milieu des champs boule-
versés, des soldats bivouaquaient en plein air, relève
immédiate des troupes de première ligne.

Sans abris, couchés sur la terre nue, boueuse, enve-
loppés dans une couverture ou un bout de toile de
tente, ils passaient sans dormir des nuits de gelée,
transis, attendant impatiemment le jour, pour dégourdir leurs membres endoloris.

Quand ils accrochaient quelques débris de bois,
ils allumaient un maigre feu, autour duquel s'établis-
sait un vaste cercle d'hommes, accroupis, muets,
tirant avec philosophie de longues bouffées d'une
éternelle pipe.

Dans ce morne désert, le bois était rare ; ces pauvres gens en maraudaient partout où ils pouvaient.

Je devais dormir d'un seul œil et monter une
garde vigilante, car ils auraient démoli ma baraque.

Un soir vers minuit, tous les foyers éteints faute de combustible, il gelait à pierre fendre, et, dans leur insomnie, les pauvres higlanders évoquaient la tiédeur de leurs foyers lointains, les hautes cheminées de leurs maisons d'Ecosse, où, sans parcimonie, des bûches entretenaient un feu continuel.

Dans le silence de la nuit, cristallisant leurs rêves, s'éleva soudain une lente mélopée.

Le joueur de cornemuse s'était levé, et comme un calmant versé sur leur souffrance, il apportait à leur cœur, dans le chant national, un peu de cet air natal dont ils déploraient l'éloignement.

Il y avait des intermèdes gais, dans mes journées peuplées de scènes de souffrances.

Je vis arriver un jour un soldat français en tenue de permissionnaire, le bidon au côté, avec quelques musettes suffisamment gonflées, qui me demanda où il pourrait trouver le chef de gare de Montauban.

« C'est moi le chef de gare. »

« Non mais des fois !... tu m'as pas r'zieuté ?... J'ai pourtant pas la gueule d'une tête à bille !... C'est-y qu'tu charries, ou bien que tu voudrais t'offrir ma cafetière ? On n'me la fait pas !... Le chef de gare je le connais : j'suis du pat'lin moi, et j'sais bien qu'c'est pas toi ! »

Je dus lui expliquer que depuis son départ du patelin, il s'était passé dans la région des événements qui avaient fait quelque bruit. Au cours de ces historiettes, la gare s'était trouvée volatilisée, et son titulaire n'avait pas attendu ce moment pour mettre les bouts de bois.

Il se rendit à mes arguments péremptoires, et me confia qu'enfant de Montauban, il revenait chez lui pour la première fois, après deux ans et demi d'absence.

Il ordonna d'un ton n'admettant pas de réplique : « Viens avec moi. »

Je lui emboîtai le pas, et chemin faisant, il me dévoila le fin fond de l'histoire, et la raison vraie de son pélerinage.

La maison !... oh ! sans doute il n'y comptait plus rien, et plus tard on verrait pour sa reconstruction. Mais en partant à la guerre, dans l'incertitude des événements, à tout hasard, il avait enterré son magot dans un coin du jardin.

Il venait le chercher, s'assurer tout au moins du sort qu'il avait eu.

Sa propriété était justement derrière le carrefour au crucifix brisé.

De la maison, il ne restait que la trace des fondations.

Quand nous fûmes sur les lieux, mon compagnon pâlit, et, parodiant Cambronne, une verte interjection d'inquiétude et de dépit s'échappa de ses lèvres.

Le jardin à qui il avait confié sa fortune était bouleversé, retourné et traversé par des tranchées.

Les obus ou la pioche des terrassiers avaient-ils violé la précieuse boîte, enfouie à fleur de sol ?

Je le vis sans rien dire, scruter anxieusement les

vestiges du passé qu'il pouvait reconnaître. Il reculait, avançait, passait d'un lieu à l'autre, puis piquant dans la terre son bâton de pèlerin, il l'aligna d'après quelques repères connus de ses seuls yeux, juste au bord d'une tranchée, dans la terre en remblai rejetée sur le sol.

Son visage, soudain, s'était illuminé ; un grand espoir un instant attaqué renaissait en son cœur.

Dans une agitation extrême, il se remuait en gestes saccadés.

— C'est ici que j'te dis !... ah les salauds !... ils ne l'ont pas trouvé !... Allons, hop ! au travail ! pose ta veste !... cherche des outils !...

Subjugué par le ton de commandement, j'obtempérais subséquemment, tombant la veste, et réquisitionnant pelle et pioche, dans un chantier voisin de Néo-Zélandais.

— Minute : attends un peu ; avant de commencer, il faut se donner du cœur à la besogne !

Et tirant d'une musette un plein litre de rhum, il en but une rasade, et m'en versa un quart, qu'il me fallut vider jusqu'à la dernière goutte.

— Maintenant, au travail !!...

Nous relayant tour à tour, alternant les séances de pelle et de pioche par quelques poses où chaque fois la bouteille sortait de la musette, nous débarrassâmes le terrain du remblai qui le recouvrait.

Puis nous enlevâmes le gazon, et, à trente centimètres, à l'endroit précis qu'il m'avait désigné, sous ma pioche maniée doucement, je sentis un coup dur.

C'était la précieuse boîte qui fut exhumée, avec la

considération hautement distinguée qu'on peut imaginer.

Dans un étui de fer blanc, une enveloppe de toile cirée contenait sept ou huit mille francs en billets, et des titres. Le tout était intact, en parfait état de conservation.

Mon homme était ravi ; la ruine de sa maison ne l'intéressait plus.

Ce fut cette fois le triomphe de nos recherches qu'il fallut arroser !

Les outils reportés, il m'emmena visiter le village, pour en donner des nouvelles toutes fraîches aux amis exilés.

Ici était la maison de sa sœur, plus loin celle du cousin ; tous étaient parents dans ce petit village.

Nous fûmes surpris dans notre inspection des ruines par un orage subit.

Ne trouvant pas d'autre abri, nous nous réfugiâmes dans la capote d'un camion, qui stationnait sans conducteur sur le chemin.

Laissant stoïquement dégringoler l'averse, les musettes furent déboutonnées et un bilan sérieux de leur actif fut aussitôt dressé.

Nous occupâmes ainsi une heure, à nous taper la cloche consciencieusement.

Quand, la pluie terminée, nous reprîmes la route, le litre lui aussi était bien achevé.

Le sol était un peu mouvant, mais les cœurs en gaîté « Bonum vinum laetificat cor hominum » et les troupes du voisinage virent avec étonnement deux soldats français en rupture de ban avec la verticale, revenir bras-dessus bras-dessous, s'étançonnant pour retrouver l'aplomb, et chantant à tue-tête :

> « *Chantez pictaine, répondez picton ;*
> « *A la fontaine, on y boit du piston !* »

Pendant ce temps, l'offensive de l'armée britannique avait gagné du terrain.

La ligne de combat était reportée à cinq ou six kilomètres en avant.

Nos sections de travailleurs, suivant le mouvement, allongeaient le rail, cherchant à pousser les trains jusqu'au village de Guillemont.

— Mon capitaine, dis-je un jour, si vous avez besoin de quelqu'un pour votre nouvelle gare, pensez à moi.

Parfaitement, me dit-il, je suis heureux de votre offre, que j'accepte avec plaisir, car nous avons une plus grande pénurie de personnel que jamais. Pour commencer, vous y conduirez cette nuit un train de munitions.

Usant et abusant de mon offre, il me laissa faire seul le service des deux gares, ce dont je ne me plaignis d'ailleurs pas.

La nuit venue, je pris place sur la première locomotive du train, qui s'était arrêté à ma gare, et, à petite allure, nous roulâmes vers Guillemont.

Dans une nuit très noire, au milieu d'un terrain

ravagé ne présentant aucun point de repère, j'obser-
vais difficilement notre route, pour ne pas dépasser
l'aiguillage d'entrée de la gare improvisée, lorsque
tout à coup, je vis à mes pieds se profiler une traînée
blanchâtre, parallèle à notre direction.

C'était un rail, ce qui signifiait que nous avions
déjà engagé le croisement !

Le temps de bloquer le train, de transmettre l'ordre
à la seconde machine, il était trop tard !...

L'aiguillage improvisé, sans ballast, au passage
des locomotives, avait vacillé, s'était entr'ouvert, et
les wagons partaient dans une direction, pendant
que les machines tiraient de l'autre.

Les unes et les autres furent bientôt hors des rails,
brisant les traverses, tordant les aiguilles et les trin-
gles de connexion : quel fricot, en pleine nuit, à trois
kilomètres des tranchées !

Le rétablissement du dégât dépassait mes possi-
bilités ; j'envoyai aussitôt un messager, demander
une section de secours.

Le lieutenant qui la commandait, alerté en pleine
nuit, n'en cachait pas son mécontentement.

— Qu'est-ce que vous allez prendre, je ne voudrais pas être dans votre peau, etc, etc...

— Rassurez-vous sur mon compte, mon lieutenant, faites votre travail, sans plus d'inquiétude
que je n'en ai, et tout ira bien !

Quelques nuit après, pendant que le train se déchargeait à Guillemont, un bombardement assez sérieux
battit le terrain en arrière de notre position.

Par précaution, j'envoyai un homme en reconnaissance, limitant sa mission à l'orée d'un petit bois qui me semblait être au-delà de la zone marmitée.

Il revint, n'ayant rien trouvé de nouveau, et nous partîmes avant le jour, avec les deux locomotives ramenant le train vide.

La voie était coupée, dans une partie en remblai, à vingt mètres dans le bois, et du point où s'était arrêtée la reconnaissance !!!

Entraînées par la vitesse acquise, les deux machines descendirent dans le trou, écrasant la ligne à l'avant, et s'incrustant dans le terrassement meuble.

Comme nous n'allions pas vite, il n'y eut pas de dégâts importants au matériel, mais le relèvement des machines nécessita pendant deux jours le travail d'une section.

Les déraillements de wagons isolés ne se comptaient pas ; tant que ce n'était pas une des locomotives, on n'y prêtait plus aucune attention.

Dans aucune circonstance de mon service tourmenté, je ne reçus une critique du capitaine.

Après chaque avatar important, il me rassurait croyant me consoler, ce dont je n'avais d'ailleurs nul besoin.

Il n'en était pas de même du commandant, directeur principal des services de notre secteur.

Cet officier supérieur, dont je ne vis jamais la tête, durant les six mois de notre présence dans la Somme, se contentait de donner des ordres depuis son bureau, bien en arrière des bombardements.

Il suivait la marche des travaux, et en passait l'inspection... par téléphone !

De son fauteuil, il s'exaspérait, pour des retards causés par des difficultés qu'il ne voyait pas.

Jugeant par ce qu'aurait dû être l'exploitation sur une voie en ordre, il fulminait à la nouvelle des incidents fréquents de notre service de fortune.

A cette époque les trains purent arriver de jour à Montauban.

Je faisais leurs manœuvres, et la nuit m'en allais à Guillemont, conduire un train de munitions, en faire effectuer le déchargement, et retourner de bout les locomotives.

N'ayant que deux hommes avec moi, l'un trouvait dans ses fonctions de cuisinier, des occupations suffisant à son activité.

Le second restait à Montauban la nuit, pendant mon absence, n'ayant rien à faire qu'à surveiller le téléphone, mais, de ce soi-disant service de nuit, il prenait prétexte pour aller se coucher à l'aube, dans un trou écarté, et refuser tout travail de jour.

Au fond, je ne pouvais l'obliger à faire du zèle, pour lequel il ne se sentait aucune inclination.

Je ne voulais pas davantage demander du renfort, en m'avouant incapable d'assurer le service.

Alors je faisais le travail tout entier, assurant seul les manœuvres, les accrochages, les relevages de wagons, de jour comme de nuit.

Les trains n'ayant pas d'horaires fixes, je n'avais plus aucun instant régulièrement attribué au sommeil.

Dès qu'un train était parti, je me laissais tomber
tout équipé, casque en tête, sur un brancard de blessé,
qui, dans la cabane de Montauban me servait de
couchette, et instantanément, j'étais plongé dans un
profond sommeil.

J'avais installé la sonnerie du téléphone auprès
de mon oreille, et dès qu'un nouveau train était
annoncé, j'étais debout prêt à le recevoir.

Entre Montauban et Guillemont, j'arrêtais souvent
le train de nuit, pour le déchargement des obus d'une
grosse pièce de 380.

Quand nous avons pu circuler de jour, je prenais
plaisir à observer le tir de cette pièce.

Même par le travers, d'où nous pouvions la voir,
on suivait fort bien de l'œil la trajectoire des grosses
marmites.

On les voyait à la grosseur d'un oiseau, s'échapper
du canon, et s'élancer lestement dans le ciel, où elles
se perdaient dans les nuages.

A Montauban, nous avions un assez gros trafic
de ravitaillement, de munitions, et des pierres cassées pour la reconstruction des routes entièrement
détruites de cette région.

A Guillemont, dans les premiers temps, je condui-
sais exclusivement des munitions d'artillerie.

Elles devaient être réparties entre différentes batteries installées dans les environs, dont j'appris peu à

peu à connaître les emplacements, pour les aviser et chercher le personnel de déchargement nécessaire.

Les premiers temps, ce service se fit assez régulièrement, les hommes venant spontanément à l'heure de l'arrivée des trains, sous la direction d'un officier, mais par la suite ils se laissèrent tirer l'oreille.

Les officiers ne venant plus, les hommes ne se sentaient pas plus dévoués, et rechignaient à se lever ainsi au milieu de la nuit.

Dans mon embarras, je demandai l'envoi d'un interprète, mais je n'en fus guère plus avancé.

Mon homme taillait des bavettes avec ses interlocuteurs et ne traduisait pas mes injonctions, trouvant que je répétais chaque jour la même chose.

Quand je m'en aperçus, je le réexpédiai aussitôt, préférant m'en tirer seul ; on n'est jamais si bien servi que par soi-même.

Désormais, quand je voulais mobiliser au milieu de la nuit une section de soldats anglais, j'entrais dans leur cagna, et demeurant prudemment à l'entrée, je hurlais : « aux munitions !! » jetant ensuite des coups de sifflet stridents, jusqu'au moment où un bombardement de croquenauds, de ceinturons, de gamelles et autres projectiles s'abattait dans ma direction.

Certain que mes gens étaient bien réveillés, j'allais, l'âme sereine, continuer ma tournée et inviter leurs collègues, de la même élégante manière.

Ils résolurent entre eux de tirer vengeance de mes procédés.

Certain jour, où dans l'après-midi j'avais une communication à faire à une batterie, je m'approchais sans méfiance de leur position, passant devant les pièces enfouies sous des branchages épais, derrière lesquels je n'apercevais pas plusieurs artilleurs épiant mon arrivée.

Quand la gueule d'un canon fut tout près de... la mienne, brusquement, tirant sur la ficelle, ils m'envoyèrent la décharge devant le nez, et surtout dans les oreilles.

La déflagration et la surprise me firent sauter en l'air, sur quoi, regrettant de n'avoir pas le vocabulaire fleuri d'un cocher de fiacre, je leur sortis tout ce que je pouvais trouver d'aménités.

« Cochons !... salauds !... fumiers !... fripouilles ! bandits !... »

C'est tout ce qu'ils cherchaient, et ils eussent été déçus, si je ne les avais pas invectivés.

Ils se tordaient, ils se décrochaient la mâchoire à force de rire, goûtant le bonheur parfait de la vengeance assouvie !

Désormais, quand ils venaient aux corvées, ils riaient entre eux en me regardant, répétant comiquement : « goujons... goujons... »

Je me plaignais souvent à leurs officiers de mes difficultés.

En parfaits gentlemen, ils accueillaient mes doléances avec une politesse raffinée, inconnue chez nos officiers de l'armée française, et, avec un humour flegmatique déconcertant, ils désarmaient mon irritation :

. — Vô avez raison, ce était terrible ! — Oh cette guerre ! tout le monde il en souffre ; tenez, mon petit chien, il a pas encore déjeuné cette matin !!...

Ou encore :

— Sergent, vô êtes oune homme terrible !... aimez-vô le chocolat ?...

— Mais !! ...sans doute...

— Alors prenez cette tablette !... je offre plus de cigarettes, je sais que vô fumez pas ! »

Je riais, désarmé, mais ceci ne déchargeait pas mes wagons, et je dus recourir aux moyens héroïques, encore que peu réglementaires.

Après les avoir bien amplement prévenus que je devais enlever mon train, et que je l'enlèverais à quatre heures du matin, un beau jour, montre en main, tous les accrochages terminés, je donnai le signal du départ, au grand ahurissement d'une équipe qui musardait, emmenant avec moi deux wagons non déchargés.

Il y eut grand branlebas, à l'arrivée du train au dépôt de l'arrière ; une révolution dans la mare aux grenouilles de l'Etat-Major, réclamations de l'office britannique ; colère de notre commandant, enquêtes, contre-enquêtes !

Tous mes actes couverts par l'excellent capitaine Leclerc, je n'eus personnellement aucun écho fâcheux de cette agitation, mais les officiers anglais, secoués, surveillèrent mieux les déchargements.

Une autre nuit, il me restait pour compte un

wagon de gros obus, de quatre-vingt kilogrammes environ.

Je n'avais pas l'indication de la batterie destinataire, et personne n'en voulait assumer le déchargement.

— Pas pour nous !... savons pas !...

— Où est l'officier commandant la corvée ?

— Pas venu !...

Pour varier les méthodes, je fis signe au mécanicien de pousser le train à quelques mètres de là, la porte du wagon incriminé, juste en face d'un gros trou d'obus, qui avait creusé une profonde excavation en bordure de la voie.

J'ouvris la porte, montai sur le wagon, et, culbutant un obus, le roulai vers l'entrée, et je le précipitai dans le vide.

Un « Oh !!... » de stupeur jaillit des poitrines de tous ces hommes, brusquement redressés.

Un second obus, prenant le même chemin, alla de trois mètres de haut, cogner de toute sa masse dessus le précédent.

Cette fois, ce fut une clameur unanime : « No !... no !... no bonne !... arrêtez ! » et dans une agitation désordonnée, toutes ces ombres se démenaient dans la nuit, comme les abeilles d'une ruche où l'on a jeté une pierre.

Impassible, je basculai le troisième.

Effrayés, quelques hommes s'enfuirent ; les autres se précipitaient vers moi, levant les bras en l'air, comme s'ils faisaient kamarade, hurlant toujours « no bonne !... no bonne !... »

Ils se rendaient.

— Fichez-moi la paix, leur dis-je ; cela ne vous regarde pas. Puisque ces obus ne sont pas pour vous, laissez-moi en disposer à ma guise.

— Oh no !... no !... no bonne !

— Vous préférez les décharger ?

— Yes... Yes...

— Alors vivement !... ou sans quoi !!!...» J'étais bien décidé à balancer tout le chargement.

Un quart d'heure après j'étais débarrassé.

J'avais gagné la deuxième manche, en recourant à une mesure peu administrative, mais plus efficace que la voie des rapports.

Pour apprécier la portée de cette amusante plaisanterie, il est bon de savoir que la poudre des obus ne peut exploser, qu'excitée par la détonation d'une capsule de fulminate, ou celle d'obus voisins.

C'est ainsi que par endroits, nous allumions notre feu avec des paquets de poudre.

Les cartouches de mélinite, enflammées, brûlent comme de la résine ; pour les utiliser, on peut les clouer contre les ouvrages qu'il s'agit de détruire.

Régulièrement, et habituellement, un choc sur un obus non amorcé doit donc être sans danger... avec une poudre fraîche et de bonne fabrication !

Ce distingo n'est pas sans importance ; un défaut de fabrication peut annuler ou diminuer cette précieuse qualité de stabilité. L'ancienneté agit de même, la décomposition à l'humidité notamment, provoquant parfois l'explosion spontanée.

Je jouais une grosse partie ; pour une irrégularité d'un chargement de poudre, nous volions tous en l'air, le train, les assistants, et tous les tas d'obus déchargés sur le sol.

Les Anglais le savaient, mais en plus de ce risque accidentel et peu probable, ils voyaient la corvée très certaine de devoir repêcher au fond du trou les obus descendus, et d'en limer les coins et les ceintures écornés par les chocs.

J'eus une autre histoire presque semblable, quelque temps après, quand les trains purent arriver de jour.

Un lieutenant de chez nous, avec une forte troupe de travailleurs, attendait l'évacuation de mon train pour opérer le relevage et le ballastage de la voie occupée.

Il restait deux wagons à décharger, dont les titulaires cependant prévenus, ne se dérangeaient pas.

Le lieutenant s'impatientait, les hommes avaient froid, mais à mes demandes réitérées, l'officier refusait de m'en donner quelques-uns pour m'aider à faire moi-même le déchargement.

— Jamais de la vie... je refuse formellement. Ce ne sont pas des artilleurs et ce n'est pas dans mes attributions. S'il survenait quelque chose, j'aurais des histoires !

Oh ! cette hantise des responsabilités ! cette horreur des initiatives, ce pusillanime « pas d'histoires », que de fois je l'ai rencontré au cours de cette guerre !

Tant de lâche veulerie me faisait bondir !!!...

Je fis signe aux mécaniciens et aux chauffeurs de mon train de venir à moi, et nous entreprîmes seuls le travail.

— Mais, disait le lieutenant, leur chef de section direct, ces hommes ne sont pas plus qualifiés !...

— Occupez-vous de ce qui vous regarde : dans leurs fonctions présentes d'agents d'un train sous ma direction, ils n'ont d'ordres à recevoir que de moi, et moi je n'en ai pas à recevoir de vous. Si vous n'avez aucun sang sous les ongles, ne découragez pas les autres, et si cela ne vous plaît pas, il vous sera loisible d'en informer le capitaine.

Les obus à terre, nous vîmes s'approcher un adjudant anglais, le sourire aux lèvres, qui nous adressa des félicitations ; « Bon travail ! bon travail !... » Parbleu, c'est lui qui aurait dû le faire !

Mais il avait un sac à la main et nous fit une copieuse distribution de paquets de cigarettes.

Je donnai ensuite les miennes à mes aides, qui furent enchantés de l'aubaine.

Les obus que nous amenions tous les jours étaient mis en réserve par chacune des batteries qui nous entouraient.

Il y en avait partout et de tous les calibres, les unes à notre hauteur, d'autres un peu en arrière.

Quand la provision était suffisante, et qu'une action d'ensemble était ordonnée, ces munitions liquidées en une nuit donnaient à nos oreilles un concert sauvage d'une extraordinaire grandeur.

Aucun départ ne s'entendait isolément ; toutes ces pièces, devant, à côté, derrière nous, crachant à la fois le fer et la flamme, faisaient entendre ensemble un grondement terrible, en une seule note puissante, allongée, formidable.

Toutes les cinq minutes, invisible chef d'orchestre, la grosse pièce de 380 marquait la mesure, scandant le concert de sa note plus grave, comme d'un coup de gong, comme le bourdon d'un clocher qui fait entendre séparément sa voix, par dessus les chants mêlés de ses sœurs, les cloches lancées à la volée.

C'était exactement le mugissement immense de la mer en furie, dominé périodiquement par le fracas monstrueux de la vague qui s'émiette, portée par le ressac à l'assaut de la falaise.

La ligne de feu s'éloignait de plus en plus.

Nous pûmes faire le service des trains pendant le jour, et l'établissement des voies étant à peu près terminé pour l'instant, le personnel de la compagnie se trouva disponible.

Le capitaine en profita pour alléger mon service : celui que j'avais assuré seul pendant un mois, le fut désormais par quatre sergents, deux à Montauban et deux à Guillemont.

C'était la **détente**.

J'en profitai pour mettre un peu d'ordre dans ma tenue, fort négligée depuis deux mois, pendant lesquels je n'avais pas une fois changé de linge, ni quitté mes chaussures.

Mais, dame, nous n'avions pas ici les blanchisseuses que l'on trouvait aisément aux cantonnements d'arrière, ni même les cours d'eau des positions d'avant.

Dans ces lieux désolés, privés de ruisseaux, il n'y avait que des trous, et au fond de chacun un peu d'eau boueuse, plus ou moins abondante suivant le calibre de l'obus.

Que de fois j'avais fait en cours de route arrêter notre train, pour donner un peu d'eau, aux pauvres diables qui nous imploraient, surgissant de partout.

Ils apportaient leur gamelle, au fond de laquelle ils répandaient un peu de thé.

Je leur ouvrais un robinet d'eau chaude, dans laquelle ils retournaient le thé, et ils dégustaient ce breuvage avec tous les signes d'une intense satisfaction

Je n'avais guère d'effets de rechange, les paquets n'arrivaient pas, et j'aurais bien voulu laver mon linge.

Sans eau et sans savon, le problème était difficile à résoudre.

Me souvenant que les cendres contiennent de la potasse, et que ma mère en utilisait toujours pour cuire ses lessives, j'imaginai d'en faire autant.

Je recueillis plusieurs jours les cendres du foyer, et, ayant avisé un grand tube à gargousses, je le remplis d'eau de la locomotive, y plongeai en vrac tout mon linge, les cendres par-dessus, dans un bout de chiffon.

Faisant bouillir le tout consciencieusement, j'attendis bravement le résultat de ma mixture :

« Mais je n'ai plus trouvé qu'un horrible mélange... »

Une cravate bleue, mes chaussettes, avaient généreusement partagé leurs nuances avec les effets clairs ; les cendres avaient mis sur l'ensemble une artistique teinte de grisaille.

Dans un état voisin de la désespérance, tel Esaü vendant son droit d'aînesse pour un plat de lentilles, tel Richard III offrant d'échanger son royaume pour un cheval, j'étais prédisposé à tous les gestes du désespoir.

Comme les fils de Jacob vendirent leur frère Joseph pour quelques pièces d'argent, je vendis ma marraine pour un morceau de savon !!

Cet acte horrible vaut un mot d'explication.

Tout le monde sait qu'une généreuse initiative avait institué la mode des marraines de guerre.

Le journal *Fantasio* avait ouvert une rubrique spéciale à cet effet, où les soldats inscrivaient leurs demandes, et la direction s'efforçait de trouver chaussure à leur pied.

Pour avoir des candidates à cette fonction de marraines, le directeur s'était adressé à un ami, occupant beaucoup de jeunes filles.

Une employée sollicitée, qui ne tenait pas à cette corvée, répondit qu'elle avait déjà un filleul.

Inquiète des suites de son petit mensonge, elle s'en ouvrit à une amie, ma cousine, disant qu'au lieu d'un inconnu, elle aimerait au moins savoir à qui adresser cette correspondance de commande.

Mon nom fut mis en avant, et une petite comédie montée, pour m'offrir incognito ce marrainage, comme si je l'avais demandé dans le journal.

Je n'étais pas homme à repousser l'invite, et acceptai, intrigué cependant de l'origine de cette farce.

« Un secret est difficile à conserver aux femmes... »

Je fus vite renseigné par ma vraie marraine mise dans la confidence, et, de mystifié, je pris la direction de la mystification.

C'était en somme une correspondance publique, mes lettres étant communiquées aux cousins et cousines et aux petites amies. Je le savais et les traitais en conséquence pour l'amusement de la galerie.

De notre côté, mes camarades étaient mis au courant et s'amusaient des lettres reçues.

Quand je recevais une enveloppe, portant le cachet du bureau envoyeur (rue Milton) : « Voici la grue de mille tonnes », criait le vaguemestre.

Si le ton des lettres languissait, ils disaient : « Ma reine, la marraine du marin, marine dans la marinade ! »

Anstette ne pouvait comprendre mon indifférence dans cette aventure, et me houspillait d'importance : «Ah! l'animal, c'est malheureux que ces histoires n'arrivent qu'à toi qui ne sais pas en profiter! Le bon Dieu

envoie toujours des noisettes à ceux qui ne savent
pas les casser. Ah ! si j'étais à ta place !!! cède-
moi donc ta marraine ! je l'utiliserai bien mieux que
toi ! »

C'est ce qui m'amena à ce trafic honteux.

J'écrivis à mon ami : « Je te donne ma marraine, si
tu me fais parvenir en échange un morceau de savon !»

Le marché fut conclu ; je reçus le savon, et acquittai
mon obligation par une lettre de change en règle,
faisant virement au profit de mon ami, de la totalité
des actions, droits et puissance, que je pouvais possé-
der sur le cœur et l'esprit de la petite Parisienne.

De quelle manière l'a-t-il utilisée ? ça c'est une
autre histoire !...

*
* *

J'avais donc été maintenu à Guillemont, où j'alter-
nais le service de jour et de nuit, avec un camarade
qui, précisément, était un habitant de cette localité.

C'est en raison de cette circonstance fortuite, que
le capitaine, par faveur, l'avait désigné à ce poste.

Ses deux grand'mères, maternelle et paternelle,
tardant trop à évacuer le village, et se sentant assez
vieilles pour mourir dans leur maison, avaient péri
sous le pilonnage des obus anglais.

Je l'accompagnai dans son triste pélerinage, sur
les lieux où avait été jadis sa maison.

En cette terre de désolation, il ne restait rien !...
rien !... rien !... Aucune trace, aucun vestige qui pût

rappeler ce qu'avait été, ou même situer très approximativement la position respective des propriétés.

Tout pulvérisé, et les débris enlevés par la suite.

Les chemins avaient été mis dans le même état. Pour refaire des routes, le pays manquant de pierre, les Anglais établissaient sur la boue une sorte de plateforme, avec les débris des charpentes et des menuiseries, et, sur ce premier lit, faisaient un empierrement avec les briques des maisons écroulées.

Jusqu'à la dernière brique des fondations ou des caves, tout avait été retiré et utilisé.

C'est pour cette raison, que je n'avais jamais pu trouver la trace de l'emplacement de l'ancienne gare.

Mon ami cherchant bien, crut remarquer certaine dépression du terrain, puis à quelque distance, l'ouverture remblayée d'un ancien puits.

— Tiens, me dit-il, à l'endroit de cette dépression correspondait la mare du village, entre la mare et le puits était une rue ; j'habitais vers le milieu de la rue !... c'est tout !

Prolongeant notre excursion, à un moment donné je vis un restant de pierre de taille, vague vestige de ce qui pouvait avoir été le côté d'une porte.

— Qu'est ceci ? demandai-je.

— C'est la porte du cimetière, que tu viens de traverser sans t'en apercevoir.

Me retournant, je regardais avec stupeur ce champ du repos que n'avaient respecté ni les obus... ni les constructeurs de routes.

En cherchant bien, j'aperçus cependant quelque chose.

Un caveau très solidement maçonné avait tenu bon, et ses superstructures seulement, avaient disparu.

Il servait présentement de logis à quelques soldats, partageant ce domicile avec les morts, qu'ils n'en avaient pas déménagés.

Et je vis ce tableau peu banal de plusieurs hommes, couchés dans les alvéoles encore inoccupées, voisinant en bons termes, avec les cercueils des défunts qui garnissaient les diverses autres cases.

Nous fûmes aussi à Combles, où les Anglais étaient occupés à tirer en bas la tour de l'église, avec des cables d'acier, attelés à trois forts tracteurs.

Nous y visitâmes des souterrains curieux, véritables catacombes aux multiples chambres, où l'on pouvait loger un régiment entier.

Etait-ce une ancienne carrière, ou un travail des Allemands ? je n'ai pu être renseigné sur ce point.

Une autre fois, dans une direction différente, mon ami m'indiqua où avait été le village de Longueval, sans plus de vestiges que celui de Guillemont.

De ce côté, subsistaient les restes déchiquetés du bois Delville, et nous y portâmes nos pas.

Un incroyable spectacle d'horreur s'offrit alors à nos yeux.

La possession de ce bois très petit, une vingtaine d'ares au plus, très disputée, avait fait à l'avance décisive, l'objet d'un combat corps à corps acharné.

Pour une raison que nous ne pûmes discerner, personne n'avait touché aux morts, gisant à cet endroit depuis au moins un mois.

Ils étaient là, plusieurs centaines d'antagonistes des deux camps, mêlés dans une confusion inexprimable.

Dans certains coins, d'anciennes tranchées ravagées par le bombardement, des grappes entières de morts amoncelés, témoignaient que l'endroit, âprement défendu, n'avait pu être franchi que sur un pont de cadavres.

De nombreux couples ennemis, réconciliés dans l'effroyable baiser de la mort, se soutenaient mutuellement, chaque mort embroché par le fer homicide de son compagnon.

Dans le fond d'un trou d'obus, trois têtes détachées se trouvaient réunies, dont nous ne pûmes reconnaître aux abords les réguliers propriétaires.

Devant ce tableau horrifiant, l'évocation fatale de la furieuse mêlée nous dressait les cheveux.

Quel forcené, conservant en son sang mêlé un atavisme sauvage, avait coupé ces têtes, pour les abandonner ensuite dans cet entonnoir, mort lui-même sans doute.

Il nous parut que du côté britannique, ces morts étaient des Sud-Africains ou des Australiens.

Depuis plusieurs semaines, abandonnés volontairement sans doute, dans ce petit espace ensanglanté, sur ces corps sans sépulture la nature avait fait son œuvre.

Les vers rongeurs avaient déjà fini entièrement

leur service. Leur repas terminé, ils s'en étaient allés, par le chemin inconnu de leur arrivée, et l'on n'en voyait plus un seul.

Aucune odeur ne s'échappait de cette funèbre collection de cadavres, dont la décomposition était entièrement terminée.

Les squelettes aux os apparents étaient gaînés dans une peau noire et parcheminée.

Les figures enfoncées, privées de leurs langues et de leurs yeux, avaient l'aspect sinistre des spectres sortant de leur tombeau, du célèbre tableau de Raffet « Le Réveil ».

VIII

Cette apparition terrible n'avait pas toutefois troublé notre quiétude, et la vie continuait, assaisonnée de gaîté, sans souci du lendemain.

Titularisés en pied dans notre gare, nos premières préoccupations avaient été d'y construire un blockhaus blindé, à l'abri des bombardements, fréquents dans ce secteur.

Après le terrassement, et la construction d'un abri souterrain, avec des bois envoyés par le capitaine, nous établîmes sur sa couverture plate, trois ou quatre couches, serrées et entrecroisées, des rails de l'ancienne ligne.

Avec un lorry, nous allions chercher et déterrer ces rails, dans un rayon de quatre à cinq kilomètres, car pour le plus grand nombre, ils étaient trop tordus.

Les contours de notre blockhaus, émergeant à quelques pieds du sol, furent arrêtés par des alignements de grands tubes à gargousses emplis de terre.

L'escalier conduisait au sol, dans une cage close par des sacs à terre et quelques tôles cintrées.

Il fut fermé par une porte fabriquée avec des planchettes de caisses de biscuits.

Les pilastres de la porte représentaient deux tours en sacs à terre, réunies au sommet par un entablement, fait d'obus fusants ramassés aux environs, et de bois découpés qui garnissaient les caisses des petits obus.

Le haut des tours était également surmonté par une pyramide en obus étagés, de grosseurs décroissantes, qui leur donnaient à distance l'aspect des poivrières couronnant jadis les donjons féodaux.

Le nom de la gare fut inscrit en grandes lettres blanches sur les tubes à gargousses.

Notre château fort était l'objet de la curiosité des troupes avoisinantes.

Un clergyman passant par là, me dit un jour comme je travaillais aux tourelles.

— Il n'y a que les Français qui sachent faire de jolies choses avec rien !...

Et tout aussitôt sans transition, comme poursuivant un rêve intérieur :

— Ce sont les Irlandais qui ont pris Guillemont ; je suis Irlandais, vive la France !

Je répondis à sa politesse : « Vive l'Irlande, Monsieur, j'ai moi-même beaucoup de sympathie pour votre verte Erin. »

Mon compagnon, sans s'appesantir sur ses deuils, ou la destruction de son foyer, était un charmant camarade de très joyeuse humeur.

Je priai le capitaine de rappeler mes deux hommes, peu intéressants, paresseux, qui m'avaient si mal secondé pendant la période du travail intensif.

Triant sur le volet dans sa compagnie, il nous en envoya deux autres, de fort bonne société, avec lesquels nous fîmes un quatuor très uni.

Le ravitaillement était plus que suffisant, il était surabondant.

Nous mangions à deux râteliers, les Anglais nous donnant lard et viandes fumées, conserves en tous genres, sucre, gin et thé, tandis que les Français nous apportaient le pain, viande fraîche et légumes, café, vin et cognac.

C'était une bamboula perpétuelle, excellent régime pour garder le moral à un haut diapason.

Nous eûmes la visite du Prince de Galles et du duc de Connaught en tournée dans la région.

J'avais confectionné à cette occasion un drapeau français tiré d'une cravate bleue, un mouchoir blanc et un bout de ceinture rouge, et un drapeau anglais, qui, fixés au bout de longues perches au-dessus de nos tourelles, flottaient allègrement au vent, à l'arrivée du train princier.

Désormais sans incidents (les peuples heureux n'ont pas d'histoire) nous finîmes là un gai séjour, jusqu'à notre relève vers la fin de l'année, par un personnel anglais.

***

Je rentrai à ma compagnie, que je retrouvai en forêt de Proyart et nous levâmes bientôt l'ancre.

Le destin nous porta en Normandie dans un petit village nommé Ysengremer.

Nous devions procéder au doublement d'une voie unique, ne répondant plus aux nécessités d'un important trafic.

Arrivés le 24 décembre, nous nous apprêtions à fêter Noël, quand je reçus l'après-midi l'ordre d'aller plus loin.

Avant de m'en aller, par une délicate attention, je glissai quelques branches de houx au fond du lit de mon ami Anstette, pour son retour du réveillon : c'était toujours une petite consolation.

Je fus détaché, avec un collègue et une section, dans un autre village, pour l'élargissement d'une tranchée dans la colline.

L'hiver fut particulièrement rigoureux.

Le froid, la grande misère des pauvres gens et des soldats en campagne, arrachait des larmes à mes territoriaux, couchant sous des toitures de tuiles en lattes à claire-voie.

Ils me demandaient du chauffage que le ravitaillement ne pouvait nous fournir.

J'avisai une forêt près de notre chantier, et, déléguant à cet office en service commandé un bûcheron consciencieux, il fut chargé d'abattre chaque jour un arbre judicieusement choisi pour l'éclaircissement raisonnable du bois.

Il le tronçonnait, le débitait, faisait des fagots de ses branches, le tout très proprement, et chaque soir à la nuit, mes hommes rentraient portant chacun leur bûche.

La propriété appartenait à un vieux rentier célibataire, habitant la ville d'Eu, qui fut informé par des âmes charitables, et déposa aussitôt une plainte à la gendarmerie, pour vol de bois.

Deux gendarmes vinrent donc enquêter, et gravement, pendant trois jours, consignèrent sur leurs procès-verbaux, toutes les déclarations bouffonnes que nous leur fîmes, sur l'accoutrement des voleurs, la direction qu'ils avaient prise, la couleur de leur âne.

On allait ensuite boire un verre, et ils repartaient, satisfaits du devoir accompli.

Dans ces conditions l'affaire n'eut pas de suites.

Je m'en inquiétais fort peu au surplus, tout prêt à prendre mes responsabilités dans cette question de simple humanité.

Le reste de la compagnie effectuait de grands terrassements, pour lesquels on lui adjoignit une équipe de huit cent prisonniers allemands.

Ces hommes étaient peu enclins, ou peu entraînés au travail.

Les nôtres, à la suite d'un système de pression et d'entraînement progressif, rendaient des tâches considérables, que l'on n'eût pas exigées des terrassiers, dans les chantiers civils.

Le capitaine voulut que les prisonniers fournissent la même somme de travail que ses hommes.

Il y eut du tirage ; tous les jours beaucoup étaient malades ; il y eut ainsi trois cents évacués.

Les autres essayèrent la grève perlée.

Le capitaine, pour briser cette tentative, leur distribua une tâche du matin ; ils allaient à la soupe quand elle était finie.

S'ils n'étaient pas partis quand les autres revenaient, ils se passaient de déjeuner, et sans désemparer, reprenaient aussitôt la tâche de la soirée.

En cette conjoncture, ils n'essayèrent plus de finir l'une ou l'autre. La nuit venant très vite, ils se croyaient assurés de rentrer dès qu'on n'y verrait plus.

Le capitaine fit venir de grands projecteurs, qui éclairaient tout le chantier comme en plein jour, et les retardataires, furent tenus aussi avant dans la nuit qu'il le fallait, pour la terminaison de leur tâche.

Pris sur toutes les coutures, quelques fortes têtes décidèrent leurs camarades à la grève complète, et ils posèrent leurs outils.

Alors le capitaine fit venir une section en armes, fusils chargés, accompagnée d'un clairon, et, ayant bien expliqué l'affaire aux grévistes, il fit sonner les sommations d'usage.

Deux sonneries seulement retentirent.

La troisième et ses suites ne furent pas utiles.

Les grévistes matés reprenaient leurs outils, et, sauf quelques nouveaux déchets, arrivaient peu à peu à la tâche imposée.

Ils n'en faisaient d'ailleurs qu'autant que les Français.

Je fus ensuite envoyé à Eu, chargé de pose de voie avec une centaine de prisonniers.

Je dois cet hommage à la vérité, d'avouer que je fus très satisfait de leur travail et de leur discipline, je dirai même de leur bonne volonté.

Quelle différence avec nombre de nos sapeurs, ouvriers des villes, plus ou moins gagnés aux idées anarchistes, indociles, raisonneurs, et qu'il fallait prendre avec des pincettes pour en obtenir quelque travail, quand on ne pouvait les mettre à la tâche.

J'avais été gâté par la jouissance très vive que m'avait procurée la vie intense de labeur et d'incidents variés des mois précédents.

J'aurais continué avec plaisir une pareille existence, mais il me déplut de reprendre ce métier monotone de surveillant de terrassiers.

J'avais une indigestion de terrassement.

Pour m'en délivrer, je fis une demande de mutation, pour passer dans l'infanterie, spécialement au 152e régiment, qui était alors et qui est resté le premier régiment de la métropole, pour ses faits de guerre et ses citations.

Le capitaine, surpris, transmit ma demande avec avis défavorable : « Indispensable à la compagnie ».

C'était le refrain habituel ; si quelques pistonnés avaient pu se faire embusquer, aucun à ma connaissance, n'avait pu changer de régiment pour quitter le 5e génie.

La seule exception du brave lieutenant Villatte n'avait pas été renouvelée.

La réponse fut ce qui était prévu : demande refusée.

Je recommençai une seconde supplique, offrant comme fait nouveau, pour justifier mon insistance, l'abandon d'un galon.

Le résultat fut identique.

Troisième requête, pour passer au 152, comme soldat de 2e classe, appuyée cette fois de considérants distingués :

«... j'espère que cinq années de bons et loyaux services au 5e génie, m'auront bien valu la faveur, d'être un peu à mon tour au danger et à l'honneur, avec mes braves camarades de l'infanterie. »

Le capitaine, pinçant les lèvres, me dit : « Vous êtes aimable pour vos camarades ! »

— Oh ! pardon mon capitaine ! je ne m'occupe nullement des autres, je parle exclusivement pour moi.

— C'est bon, c'est bon, dit-il d'un ton rageur, vous ne partirez pas !...

— Nous verrons bien, mon capitaine, faites-moi seulement le plaisir de transmettre ma demande.

Son sort par la voie hiérarchique ne laissait aucun doute à mes yeux.

Elle passait, en premier lieu, par le commandant, dont j'avais souvent mis les nerfs à l'épreuve dans son bureau éloigné des obus, et en second, par mon autre copain, la nouille de lieutenant pusillanime qui, par un avancement mérité, était passé capitaine à l'Etat-Major du grand quartier général.

C'est à leur intention très spéciale, que j'avais glissé mon petit compliment.

A la vérité, ce que j'en faisais n'était qu'une galéjade.

Je savais que je quitterais le régiment, comme il me plairait, et à peu près à l'heure choisie.

Le piston politique aurait-il été inventé pour des prunes ?

Un député m'avait fait entrer irrégulièrement au 5e génie, il y avait quinze ans, un autre député m'en ferait bien sortir.

Je fus trouver mon représentant, Monsieur Flayelle, dans son hôtel à Paris, et il se chargea très volontiers de l'affaire.

« Mon cher ami, malgré des nuances politiques opposées, un ministre n'a jamais assez d'occasions semblables, pour faire plaisir à ses parlementaires, dans des conditions ne coûtant rien au budget, et qui le laissent au-dessus de toute critique. »

Peu de temps après, il m'envoyait la réponse de Painlevé.

« Mon cher député, je suis d'autant plus heureux de m'occuper de votre protégé, que les requêtes semblables sont trop rares pour être repoussées. Le nécessaire est fait immédiatement au G Q G. »

C'est ainsi que je reçus mon changement d'affectation, m'envoyant à mon grade de sergent au 152e régiment d'infanterie.

Le capitaine, vexé, s'éclipsa pour ne pas recevoir mes adieux.

Je le déplorai, car personnellement je quittais avec regret cet excellent chef, n'ayant jamais eu qu'à me louer de ses bons procédés à mon égard.

IX

Je rejoignis le 152, en l'espèce le dépôt divisionnaire de la 164e D I, à Château-Thierry.

Huit jours après nous levions le piquet, pour aller cantonner auprès de Fismes.

Je fis dans ce déplacement à pied de soixante kilomètres, l'apprentissage pénible du métier de fantassin.

Le trajet fut fait en deux étapes ; nous étions au mois de mai, il faisait déjà chaud, et les hommes peinaient beaucoup.

La seconde journée fut lamentable ; la retraite de Russie par le soleil, avec des hommes en cire !

La moitié de la colonne seulement, arriva en ordre au terme du voyage.

Malgré les excitations des gradés, les soldats épuisés s'arrêtaient tour à tour.

Harassé, exténué, peu entraîné aux marches à chargement complet, je tendais toutes mes forces pour faire honneur à mon ancienne arme.

Dans la traversée de Fismes j'étais à bout ; je tentai au moins de sortir de la ville, pour m'écrouler à l'abri d'un buisson, mais ce fut en vain.

Dans un éblouissement, je me sentis tourner ; je m'assis en pleine ville, au bord du trottoir, laissant défiler devant moi la colonne.

Quand j'eus retrouvé quelque force, je me traînai hors de la ville, et je fis une nouvelle pose dans un pré.

Ensuite, clopin-clopant, je poursuivis ma route, et trouvai enfin à quelques kilomètres, le cantonnement où s'installaient mes camarades.

Comme je franchissais le portail de la ferme, je m'entendis héler par une voix gaillarde : «hé, là, sergent ! venez casser la croûte, cela vous remontera. »

Je reconnus Stévenot, mon compatriote, caporal clairon au dépôt divisionnaire, qui, avec ses hommes, venait de faire confectionner une vaste omelette par la fermière.

Ah ! parbleu je ne me fis pas prier, et comme un affamé, je dévorai un important segment de la sympathique omelette.

J'en fis tirer aussitôt une seconde édition, et, remis d'aplomb, je cherchai un coin dans l'écurie pour y prendre un repos sérieux.

Le lendemain, tous les officiers furent envoyés sur le chemin parcouru la veille, pour faire le ramassage des traînards, qui n'avaient pas encore reparu.

Cette scène ne se renouvela pas.

Dans nos déplacements ultérieurs, les hommes furent allégés, une partie de l'équipement transporté par voitures, et les étapes furent mieux distribuées.

Le dépôt divisionnaire, était l'échelon intermédiaire entre les régiments en lignes, et les grands dépôts de régiments où se faisait l'instruction des jeunes classes, la récupération des blessés guéris, sortant des hôpitaux.

Au D D comme on l'appelait, chaque régiment puisait pour les remplacements immédiats des morts et des évacués, malades ou blessés.

Suivant les événements, les séjours au D D étaient plus ou moins longs.

Arrivant après la période agitée des combats sanglants du Chemin des Dames, au début d'une copieuse détente, je devais faire une pose assez longue au D D.

C'était alors la vie de garnison ; service de gardes de police, marches d'entraînement, séances d'exercices.

On nous initiait aux méthodes nouvelles de la gymnastique du lieutenant Hébert.

C'était un spectacle curieux, de voir des territoriaux de quarante-cinq ans, obligés de se grimper mutuellement sur le dos, et faisant face à un couple semblable, engager un tournoi à qui se renverserait.

Ou bien, formés en cercle, prendre chacun dans sa main un pied de son prédécesseur, et faire plusieurs tours en sautant sur une jambe.

Après toute une série de ces manœuvres intelligentes, la compagnie réunie en monôme, faisait au pas cadencé deux ou trois tours de piste, en balançant exagérément les bras, et en chantant la Madelon.

Je vis là pour la première fois le grand Perrin, Marius pour les dames, le plus majestueux sergent du régiment.

Il n'était pas de ma compagnie, mais on se le montrait l'un à l'autre de loin, avec admiration. C'était un bon et fort jovial propriétaire vigneron de Bourgogne, haut en couleurs, bien charpenté, qui, toujours les bras nus, jaillissant d'un chandail sans manches, veste tombée, prenait plaisir à faire gonfler ses muscles.

« Regardez ce Perrin ! Quel homme ! quel as ! quels biceps !... »

Mon voisin de litière était un adjudant, véritable phénomène, propriétaire en Auvergne, ancien élève de l'Ecole Centrale et marchand de fromages à Paris.

C'était un inventeur merveilleusement doué.

A sa science et à de nombreux arts d'agrément, il joignait celui d'un bon leveur de coude.

Il avait toujours soif et jamais ne buvait seul.

Quand il vidait un quart, un voisin devait lui en rendre raison.

Pour assurer son ravitaillement en pinard, il avait à son service deux ordonnances : l'une cirait ses souliers et brossait ses habits ; l'autre veillait à ce que le bidon ne fût jamais à sec.

Comme nous étions limités sur ce point, ce serviteur fidèle était toute la journée en campagne, faisant de nombreux kilomètres pour emplir ses bidons, chinant les artilleurs, les formations de santé, les cuisiniers des escadrilles d'aviation,

Je me souviens du geste horrifié du brave adjudant, ce soir où, profitant de la pénombre, nous lui fîmes boire un quart d'eau.

Le commandant du dépôt avait comme sergent-major mon ancien condisciple d'école, garçon avec lequel, deux années entières, j'avais usé mes fonds de culottes sur le même banc d'étude.

Je ne le sus malheureusement que bien plus tard, et par lui-même. Il m'avoua assez ingénument qu'il n'avait pas ignoré ma présence près de lui, mais ne m'avait pas cherché, n'aimant pas à frayer avec ses inférieurs.

O sainte camaraderie des tranchées, unissant fraternellement dans un seul idéal commun, riches et pauvres, officiers et soldats, digne objet de tant de clichés et de poncifs, que de bobards on a racontés en ton nom !

*
* *

Nous étions dans ce temps-là à un tournant pénible de la guerre.

La grande offensive du Chemin des Dames, projetée avec un grand tam-tam de publicité par des politiciens, imposée à l'Etat-Major, puis brusquement décommandée, dans l'affolement des premiers revers, avait produit une mauvaise impression sur les troupes.

Leur mécontentement était exploité à fond, par la clique des traîtres et des mauvais Français, plus ou moins enrôlés aux gages de l'Allemagne, qui de l'arrière soufflaient sur l'armée un vent de défaitisme.

Les journaux, les tracs et les papillons, tous les moyens étaient mis en œuvre pour exciter les soldats et les pousser à la rébellion.

Je vis même des réunions antimilitaristes organisées en plein camp, par des provocateurs délégués de Paris, au su et au vu du Commandement qui ne les empêchait pas.

A l'arrière, c'était lamentable.

Les gares régulatrices, enlevées de la proximité des villes, furent organisées dans des régions désertes où les civils ne puissent avoir aucun accès.

Les permissionnaires, encadrés de troupes en armes, étaient distribués, suivant leur secteur, dans des trains spéciaux, qui les emmenaient sans arrêt à leur destination.

Chaque train lui-même comportait une garde de police, et dans chaque compartiment, on plaçait un sergent permissionnaire, responsable de la tenue de ses compagnons.

Déplaisante corvée pour laquelle il était impuissant.

Toutes les vitres de ces trains étaient brisées, nombre de portières arrachées.

Les energumènes et les voyous s'en donnaient à cœur joie.

Dans les trains mixtes, ils terrorisaient et rançonnaient les voyageurs civils, faisant le tour du train pour réclamer avec menaces de l'argent pour leur permission.

Je faillis une fois être saigné par une grande brute.

Etant un jour planton de service à la gare de Fismes, pour recevoir les permissionnaires de mon unité, j'y fus témoin de quelques scènes curieuses ou navrantes.

Le commandant faisant fonction de commissaire de gare, ayant refusé à un permissionnaire partant, l'accès d'un train où il n'avait pas droit de prendre place, se vit insulter comme du poisson pourri.

La colère du soldat, un peu pris de boisson, montait, montait, et dans un débordement d'injures, je le vis faire le geste de lever la main pour gifler l'officier.

Celui-ci, pâle comme un mort, fit signe à la fin à deux gendarmes, qui de loin suivaient l'altercation, et ils vinrent mettre la main sur l'irascible troupier.

Subitement, quatre hommes se précipitèrent, écartant violemment les gendarmes.

— Halte-là !... ôtez-vous de là !... cet homme est notre camarade, nous nous chargeons de lui !... »

Ils l'emmenèrent avec eux, sans autre protestation des gendarmes, ni du commandant qui rentra sans rien dire dans son bureau.

Un train arrivait, déversant son contenu de permissionnaires, criant, chantant, et généralement en tenue débraillée.

Beaucoup, sous la capote ouverte, n'avaient pas de chemise.

Il faisait très chaud, et, en cours de route, ils avaient pris pour jeu d'enlever leurs chemises, et de les jeter au nez des femmes qu'ils croisaient sur leur route, aux gardes-barrières ou passages à niveaux.

Une forte garde de gendarmes était présente au débarquement, sous le commandement d'un lieutenant.

Un soldat à l'allure très joyeuse, vint près d'un de
leurs groupes, et jovialement, liant conversation,
offrit des cigarettes à la ronde, serrant les mains avec
effusion, et finalement il leur tint ce discours :

« Je suis heureux de vous revoir mes chers amis ;
« ça repose les yeux des mines hirsutes et hâves, des
« tenues étriquées et boueuses, que nous avons ordi-
« nairement devant les yeux.

« Vos mines florissantes, les cuirs reluisants, les
« boutons astiqués, attestent le bon moral de l'armée
« française.

« Vive Dieu, mes amis, je vous félicite, et si j'étais
« à votre place, à quinze kilomètres derrière les tran-
« chées, moi aussi je saurais tenir le coup, et exiger des
« poilus du front, la discipline et le patriotisme. »

Un cercle s'était formé, et de joyeux éclats de rire
saluèrent la péroraison de cette homélie.

De nombreux corps de troupes refusaient collectivement de reprendre les lignes.

Une compagnie entière de notre régiment, avait
elle-même refusé de prendre part à une attaque.

Je vis un jour, affichée en plusieurs points du cantonnement, une proclamation du général de division
aux soldats du 152, qui disait en substance :

« Certains soldats ont refusé obéissance ; les autres
murmurent et se plaignent, des fatigues du trop
long séjour en ligne qui leur est imposé.

Cependant, ils devraient se rappeler qu'ils sor-

taient de profiter d'une longue période de grand repos, aux environs de Vesoul.

Nous leur demandons encore un peu d'effort, et ensuite ils auront un grand repos de détente. »

Cette lecture me serra le cœur. Elle marquait le commencement de la fin, le premier pas vers la constitution des soviets de régiments, chargés de contrôler l'utilisation des troupes, l'anarchie, le désordre, tout le processus de la révolution et de la défaite où avait sombré la Russie.

Dans ces mêmes moments, j'assistais un soir au salut à l'église, quand l'aumônier du D D, retour de permission, montant en chaire, annonça à l'assistance qu'il rapportait une très heureuse nouvelle.

Informé de bonne source, il savait qu'une haute intervention était en cours, qui allait rapidement mettre fin à la guerre : « Je ne puis en dire davantage, confiance et espoir !... »

Stupéfait de ce langage, je l'attendis à la sortie et lui dis :

« Monsieur l'Aumônier, vous venez, sans le vouloir, de parler en mauvais Français. Si vous avez l'intention de recommencer dites-le moi ; je ne reparaîtrai plus à vos réunions, pour ne pas sembler approuver par mon silence vos paroles imprudentes. »

La foudre tombant à ses pieds, ne l'aurait pas

sidéré davantage, et il prenait à témoin un confrère, aussi surpris que lui de ma sortie.

« Je ne vous comprends pas !... si vous pouviez savoir de quoi il s'agit, vous penseriez différemment...»

Je savais bien à quoi il faisait allusion.

Le Pape, à cette époque, faisait des ouvertures aux belligérants, pour arbitrer le différend et arrêter les hostilités.

Un évêque avait sans doute appris, sous le couvert du secret, cette nouvelle à notre abbé au cours de sa permission, et il voyait déjà la chose réalisée.

Il en convint sans comprendre davantage : n'était-ce pas la plus belle chose à désirer, la fin prochaine de la guerre, que devait nous donner cette intervention ?

« Monsieur l'Abbé, lui dis-je, gardez-vous d'allu-
« mer dans le cœur des soldats des espérances irréali-
« sables.

« Par l'insuccès de vos prédictions, vous perdriez
« la confiance qu'ils ont en votre jugement, et vous
« les voueriez aux déceptions, aux regrets stériles et
« au découragement.

« Ne cherchez pas davantage, à créer un état d'es-
« prit favorable à la réussite de ces négociations :
« en ceci vous feriez le jeu des défaitistes, la paix
« boiteuse dont nous serions gratifiés, étant le but
« atteint, et la consécration glorieuse du succès com-
« plet de leur campagne de trahison.

« Considérez la position respective des belligérants.

« **Les Allemands**, débarrassés à l'arrière de tous

« soucis par la défection russe, occupent sur les plus
« riches provinces de notre territoire, des positions
« très fortes.

« Ils viennent d'enfoncer le front de la Somme,
« dans une avance victorieuse enrayée à grand'peine.

« Nos essais malheureux d'offensive en Cham-
« pagne, ont ajouté un grave préjudice moral, aux
« pertes élevées que nous avons subies.

« A l'heure présente, ils sont en posture de vain-
« queurs.

« Quelle paix serait traitée dans ces conditions ?

« Elle serait pour nous la paix des asservis, la paix
« honteuse, la paix des lâches, sacrifiant une partie
« du pays, pour vivre ensuite tranquilles avec leur
« déshonneur !... Hugolin mangeant ses enfants
« pour leur garder un père !

« Cette ignominie c'est la paix de Caillaux.

« Il n'était pas utile d'attendre trois années de
« misères et de deuils pour la réaliser.

« On pouvait s'arranger tout de suite, et offrir
« pour apaiser le Minotaure, nos mines de Lorraine,
« les places fortes de l'Est, les côtes de la Manche.

« Non ! non ! un bon Français ne peut envisager
« que la paix du vainqueur, la paix dans la victoire,
« signée par une épée, trempée dans le sang de l'agres-
« seur vaincu refoulé sur le Rhin.

« Cette paix est certaine, à une échéance encore
« bien éloignée, mais dont les présages éclatent à
« tous les yeux.

« Les Américains entrent dans la mêlée.

« Avec leurs soldats, avec leur or et leur ravitaille-

« ment, nous pourrons, secourus sans limites, possé-
« der le dernier quart d'heure de résistance qui déci-
« dera la victoire.

« Il y faudra encore de nombreuses souffrances,
« bien des vies immolées, mais le but à atteindre justi-
« fie ces sacrifices.

« Dans ces circonstances, à des yeux de Français,
« l'intervention du Pape paraît injustifiée, elle est
« inopportune, et presque déplacée.

« Il ne peut considérer les choses à notre point de
« vue, mais dans un sentiment d'humanité générale,
« à un point de vue internationaliste.

» C'est le point de vue du Père commun de tous les
« fidèles, pour qui le Ciel est la seule patrie.

« C'est assurément le plus bel idéal ; cependant,
« aucun précepte de la religion ne nous interdit d'ai-
« mer notre pays, et de nous croire le droit et le
« devoir, de le protéger les armes à la main contre
« toute agression.

« Jésus-Christ lui-même, bon juge en la matière,
« dans ses paroles, ne s'est pas toujours affranchi, de
« cette conception des nationalités.

« N'est-ce pas lui qui dit à la Cananéenne :

« Je n'ai été envoyé qu'aux brebis de la maison
« d'Israël qui sont perdues. Il n'est pas raisonnable
« de prendre le pain des enfants, et de le jeter aux
« chiens. »

« On ne peut fonder une doctrine sur ces mots,
« c'est certain. On peut même regretter qu'ils eussent
« été prononcés, mais ils existent, et personne ne
« peut les effacer.

« Le Pape, père des fidèles, infiniment respectable,
« est respecté par tous les catholiques, qu'ils fussent
« Allemands ou qu'ils fussent Français ; mais sans
« nous soustraire à ce devoir filial, nous pouvons
« affirmer catégoriquement, que cette question n'est
« nullement en jeu, dans le règlement de notre diffé-
« rend.

« Nous faisons la guerre à titre de Français, et
« jamais ce ne fut en tant que catholiques.

« Ces deux titres, se juxtaposent sans se confondre,
« ils sont seulement entièrement différents.

« Si donc c'est notre droit, si c'est notre devoir
« de défendre le sol de nos pères attaqué, que ce
« droit soit poussé à son terme normal, jusqu'au
« triomphe de la justice foulée aux pieds.

« C'est ce que le Pape, dans une neutralité embar-
« rassée, ne peut, ou ne veut pas comprendre.

« Jamais Il n'a su faire entendre, une parole publique
« de nette réprobation, contre l'injustice de l'attaque
« allemande.

« S'Il n'est pas en mesure de se prononcer sur une
« question si simple, si éclatante à nos yeux de Fran-
« çais, nous ne pouvons guère avoir confiance dans
« sa capacité spéciale, pour revendiquer le rôle d'ar-
« bitre.

« Et s'Il n'a cru pouvoir réprouver ·l'injustice,
« qu'Il ne tombe pas dans un excès contraire, en
« intervenant pour sauver l'agresseur.

« Car tout ce défaitisme, cette pression sournoise
« pour une paix rapide, sont organisés, payés par les
« Allemands, qui n'ont d'autre ressource pour arrê-

« ter avec quelque avantage, une aventure dont
« l'issue ne peut plus faire de doute.

« Qui renseigne le Pape en toute cette affaire ?

« Le moins qu'on puisse en dire, est que son entou-
« rage compte plus d'ennemis de la France que de
« Français. Un cardinal ne fut-il pas convaincu
« d'espionnage ?

« La bonne foi du Saint-Père n'est pas mise en
« doute, mais à ses oreilles les cloches les plus nom-
« breuses étouffent la voix des autres.

« Il peut être trompé par certains conseillers, dont
« l'impartialité et l'exacte bonne foi ne sont peut-
« être pas de la même évidence.

« Qu'Il conserve donc très rigoureusement la posi-
« tion de neutre qu'il a dû adopter, et qu'il observe
« la distribution des rôles, établie par Jeanne d'Arc :

« Les gens d'église prieront, et les hommes d'armes
« batailleront. »

« Dieu est pour les causes justes et c'est celle de la
« France.

« Il a suscité Jeanne pour sauver notre pays, dans
« un moment plus précaire que le nôtre.

» Il saura à son heure, appesantir sa main puis-
« sante sur la tête des méchants.

« Le Deus ex machina qui nous délivrera est déjà
« en route.

« C'est cela qu'il faut prêcher aux hommes ; exciter
« leur courage et leur patience, en donnant les raisons
« de la persévérance.

« Montrez les messagers de Dieu : ces flottes
« immenses traversant l'Océan ; des armées innom-

« brables viennent à notre secours ; des montagnes
« de farine, des pyramides de conserves, ne laisse-
« ront jamais le soldat avoir faim ; des milliers de
« canons regorgeront de munitions ; la victoire est
« certaine !... courage !... on les aura !! »

***

… et l'on ne causa pas de paix plus avant **ce jour-là.**

***

Errant de cantonnements en cantonnements, dans
des petits villages dont j'ai perdu les noms, nous
parvînmes ainsi au quatorze juillet.

Le commandant du dépôt, avait prescrit que ce
jour fût marqué de grandes réjouissances.

Le 152 était à l'honneur. Une de ses compagnies
allait défiler à Paris, pour la grande revue de l'armée
française, et recevoir officiellement la fourragère
jaune, que le régiment était seul à avoir gagné à cette
époque, avec la légion étrangère.

Un lieutenant fut chargé de l'ordonnance de la fête
au D D, corvée qu'il eût laissée volontiers à un autre.

Il convoqua une réunion générale de tous les sous-
officiers, pour discuter cette grave affaire, et solliciter
des suggestions, car il n'était pas riche en idées
récréatives.

On convint de débuter la veille par une retraite
aux flambeaux, avec lanternes vénitiennes, et la
clique enlevée par mon ami Stévenot.

Le lendemain matin, il devait y avoir une fête sportive, avec défilés, mouvements d'ensemble, toute la lyre.

Mais il fallait donner aux figurants, l'apparence et l'uniforme des sociétés de gymnastique.

Grave problème à résoudre que le choix de ce costume.

Finalement, le lieutenant accoucha d'un projet merveilleux.

Chaque homme, tête nue, ne devait conserver comme vêtement, que sa chemise, soulignée par la ceinture de flanelle en sautoir, et son caleçon dont les jambes seraient coupées à mi-cuisses.

Pieds nus dans les souliers, naturellement, car des chaussettes aux nuances variées, eussent troublé l'harmonie du coup d'œil.

L'évocation du tableau de cette troupe en caleçons élagués eut un joyeux succès.

— Comment devront faire ceux qui ont du poil aux jambes ? disait l'un.

Faudra t il boucler le caleçon avec des épingles ou avec des ficelles ?...

— Eh ! mon lieutenant, avez-vous pensé à l'embouchure des croquenauds ?...

C'était le jovial Ducret, la face épanouie dans un large rire, qui lançait cette boutade.

Le mot fit fortune et passa de bouche en bouche.

Le soir, par les soins de mon ami Colin, un bon dessinateur, un grand mur blanc du cantonnement était orné d'une large fresque, représentant la mine joyeuse du bon Ducret, lançant son apostrophe ainsi que Mirabeau : « Et l'embouchure des croquenauds ! »

Tout se passa pour le mieux : on fit des jeux, des courses, des concours d'adresse et de force.

Pour marquer la remise de la fourragère jaune à mon régiment, j'avais fait éditer une carte, d'après une image dessinée par Colin, illustrant la légende suivante :

Hommage au 152ème Régiment d'Infanterie

Cent cinquante-deuxième, brave parmi les braves,
D'une épopée de gloire étincelant flambeau,
Ta vue pour l'ennemi évoque le tombeau,
Tu répands la terreur dans ses hordes esclaves.

Tel d'un volcan brûlant roule un torrent de lave,
Tu bondis à l'assaut ; un spectacle si beau,
D'un souffle de victoire fait frémir le drapeau,
Qui du sol asservi voit forcer les entraves.

« Ce sont toujours les mêmes ! oh, les braves enfants ! »
« A dit le Général dans une extase fière ;
« A l'honneur comme au feu, soyez donc triomphants,

« Et pour qu'à l'espérance, en sa fraîche verdeur,
« Donne un plus vif éclat votre noble valeur,
« Irradiez d'or, le vert de votre fourragère... »

Je vis au cours de cette fête, un numéro extraordinaire qui eût pu figurer dans les jeux olympiques.

Un sergent-major, créole de la Martinique, nous fit une démonstration de lancement de grenades, qu'il envoyait à plus de soixante-dix mètres.

Pour juger la valeur de cette performance, il est utile d'indiquer que les bons grenadiers envoyaient la grenade de trente à quarante mètres ; je ne dépassais pas moi-même une vingtaine de mètres.

L'écrivain allemand Remarque, signale comme exceptionnel record de ce qu'il a vu, le lancement à soixante mètres.

Une tribune fut dressée, où se firent entendre les chanteurs volontaires et des chœurs improvisés ; les chants des régiments y furent à l'honneur, et principalement l'ancien chant du 152 qu'allait détrôner bientôt un chant nouveau.

Ancien chant du 152ème

1er COUPLET

Il est né sur les bords du Rhin,
A la frontière de la France,
Le Régiment au cœur d'airain,
Dont nous célébrons la vaillance ;
Il nous légua de ses soldats,
Les exploits et les fiers combats ,
Et nous sentons vibrer nos cœurs,
En lisant les noms de victoires,
Qu'un passé rayonnant de gloire
Inscrivit sur nos trois couleurs.

REFRAIN

Allons, Soldats du cent cinquante-deuxième,
Dans nos labeurs portons bien haut les yeux,
Vers la Patrie et vers le fier emblème,
Pour qui demain nous serons victorieux ;
Scandons nos pas, au choc des baïonnettes,
Sans défaillir, marchons allègrement,
Et si la mort vient menacer nos têtes,
Vive toujours notre beau Régiment.

2ᵉ COUPLET

Quand, aux reflets du soleil d'or
Le front des Vosges s'illumine,
Le Régiment prend son essor ;
Sur les flancs du roc il chemine ;
Il va le long des pins géants ;
Dédaigneux des ravins béants ;
A son chef le soldat promet
De marcher toujours plein d'audace,
Car c'est pour préserver l'Alsace
Qu'il faut grimper jusqu'aux sommets.

3ᵉ COUPLET

Quand vient l'hiver aux blancs frimas,
La neige tombe qui nous cerne,
Et prétend bloquer nos soldats,
Au seuil des portes de la caserne ;
Mais pour braver le mauvais temps,
Nous avons nos cœurs de vingt ans.
Nous sommes les gais voltigeurs,
Toujours dehors à l'avant-garde,
Et la France qui nous regarde
Peut compter sur ses défenseurs.

J'y allai de mon écot, en récitant ce qui existe de plus beau, comme morceau de circonstance :

Ce que c'est que le drapeau

par Jules Claretie, de l'Académie Française.

« Voyez-vous, disait souvent le vieux capitaine en frappant sur la table, vous ne savez pas, vous autres, ce que c'est que le drapeau.

Il faut avoir été soldat ; il faut avoir passé la fron-

tière et marché sur des chemins qui ne sont plus ceux
de France ; il faut avoir été éloigné du pays, sevré de
toute parole de la langue qu'on a parlée depuis l'enfance ; il faut s'être dit, pendant les journées d'étapes
et de fatigue, que tout ce qui reste de la patrie absente
c'est ce lambeau de soie aux trois couleurs françaises,
qui clapote là-bas au centre du bataillon ; il faut
n'avoir eu, dans la fumée du combat, d'autre point
de ralliement que ce morceau d'étoffe déchirée, pour
comprendre, pour sentir tout ce que renferme dans
ses plis cette chose sacrée qu'on appelle le drapeau.

Le drapeau, mes pauvres amis, mais, sachez-le bien,
c'est, contenu dans un seul mot, rendu palpable dans
un seul objet, tout ce qui fut, tout ce qui est la vie de
chacun de nous : le foyer où l'on naquit, le coin de terre
où l'on grandit, le premier sourire d'enfant, le premier amour de jeune homme, la mère qui vous berce,
le père qui gronde, le premier ami, la première larme,
les espoirs, les rêves, les chimères, les souvenirs ;
c'est toutes ces joies à la fois, toutes enfermées dans
un mot, dans un nom, le plus beau de tous : la
patrie.

Oui, je vous le dis, le drapeau c'est tout cela ; c'est
l'honneur du régiment, ses gloires et ses titres flam-
boyant en lettres d'or sur ses couleurs fanées qui
portent des noms de victoire ; c'est comme la conscience des braves gens qui marchent à la mort sous
ses plis ; c'est le devoir dans ce qu'il a de plus sévère
et de plus fier, représenté par ce qu'il a de plus grand :
une idée flottant dans un étendard. Aussi bien étonnez-
vous qu'on l'aime, ce drapeau parfois en haillons, et

qu'on se fasse, pour lui, trouer la poitrine **ou broyer**
le crâne.

Il semble que tous les cœurs du régiment tiennent
à sa hampe par des fils invisibles. Le perdre, c'est **la
honte éternelle.** Autant vaudrait souffleter un à un
ces milliers d'hommes que de leur arracher, d'un seul
coup, leur drapeau. Non, non, cent fois non, vous
ne comprendrez jamais ce que peut souffrir un homme,
qui sait que son drapeau est demeuré, comme une
partie intégrante du pays, aux mains de l'ennemi.
C'est une idée fixe qui dès lors le torture et le déchire :
« Le drapeau est là-bas ! ils l'ont pris ; ils le gardent ! »
Nuit et jour il y songe, il en rêve... Il en meurt parfois.

Qu'est-ce qu'un drapeau ? me direz-vous ; un
symbole... Et qu'importe qu'il figure, ici ou là, dans
une revue ou une apothéose ? Symbole, soit ; mais
tant que l'espèce humaine aura besoin de se ratta-
cher à quelque croyance saine, mâle, et vraie, il lui
en faudra encore de ces symboles, dont la vue seule
remue en nous jusqu'au profond de l'être tous les
généreux sentiments, tout ce qui nous porte vers le
dévouement, le sacrifice, l'abnégation et le devoir ! »

X

Les infâmes campagnes d'excitation des traîtres défaitistes, n'ayant déjà que trop porté leurs mauvais fruits, il était temps de réagir.

Le général Pétain, en vrai chef de génie qui, à chaque situation critique, sait rémédier par la mesure ad hoc, décida de briser dans l'œuf l'anarchie naissante, par l'institution des sections de discipline divisionnaires.

On nous lut un ordre du jour demandant des gradés volontaires, pour constituer les cadres de cette section dans notre division.

L'ordre spécifiait : des gradés, de préférence célibataires.

Tiens, tiens, disaient les auditeurs, sans doute un célibataire coûtera moins à l'État, quand il aura été fusillé, soit par devant, soit par derrière.

Cette perspective, assez curieusement sous-entendue, ne les enchantant pas, aucun ne répondit à l'appel.

Comme je ne m'en inquiétais guère, je saisis cette occasion de quitter le dépôt, et me fis inscrire comme unique volontaire.

Tous les autres gradés, caporaux et sergents, furent nommés d'office à leur grand déplaisir.

L'officier désigné, voyant là une disgrâce, en fit une maladie.

Le noyau de la section, fut formé au début, par une cinquantaine de soldats du 152, appartenant tous à la compagnie qui s'était mutinée.

Ils étaient passés en conseil de guerre, et avaient obtenu chacun une moyenne de cinq années de travaux publics, avec suspension de peine.

Puis, des isolés des diverses formations de la division, renforcèrent l'effectif qui atteignit une centaine d'hommes.

L'importance imprévue de la section, nécessita le renforcement de ses cadres.

Nous touchâmes également une ordonnance pour le lieutenant. Plus perspicace que tout le monde, ce brave garçon avait flairé le filon, et, venant rendre visite à l'officier qu'il servait précédemment, il lui avait dit :

— Mon lieutenant, avez-vous été mécontent de mes services passés ?...

— Certes non, mon ami, et je regrette de vous avoir perdu !

— Eh bien, qui vous retient de me redemander ?

— C'est une idée : essayons !...

Le général, admettant qu'il était plus digne pour l'officier, d'avoir une ordonnance en dehors des punis, accorda la demande.

D'ailleurs, il accorda toujours tout ce qui était

demandé ou proposé, sans aucune exception, et le lieutenant se rasséréna, voyant un gage de bienveillance dans ces bonnes dispositions.

Il en profita, pour demander nommément le sergent Perrin qui lui fut aussitôt adressé.

Je revois l'arrivée de l'athlète, le visage souriant, l'air majestueux et important.

— Vous m'avez demandé, mon lieutenant ?... présent !

— Oui mon ami ; c'est toujours la même chose, nous avons besoin d'hommes tels que vous. Si nos mauvaises têtes s'obstinent, je compte beaucoup sur votre valeur et sur votre prestige, pour leur en imposer ! vous leur ferez voir que vous êtes un peu là !

— Mon lieutenant, je vous remercie ! Vous avez eu raison de mettre en moi votre confiance, elle ne sera pas trompée. Je vous montrerai comme on dresse les récalcitrants... avec le sourire !

Et il faisait gonfler ses muscles, semblant briser un adversaire absent, dans sa poigne puissante.

Nous étions pénétrés d'admiration et de respect.

Il nous vint également le sergent Lepage, curieuse physionomie qui devait animer la section par la suite.

Ex-sergent-major dans un régiment voisin, il avait perdu un galon dans une histoire futile, et, cassé de son grade, avait été envoyé comme sergent au 152.

Il nourrissait l'espoir de reconquérir le galon retiré, quand un beau jour, parti à Paris sans permission, il ne trouva plus à son retour le dépôt déménagé.

Nouvelle histoire qui n'était pas faite pour relever

sa cote, et que le commandant solutionna par cette alternative : ou recevoir la punition correspondant à la faute, ou aller à la section de discipline, qui demandait des gradés.

Il choisit la seconde proposition, moins néfaste à ses ambitions, et n'eut qu'à s'en louer.

Cet événement fortuit, nous valut l'agrément de sa compagnie, très intéressante.

Les débuts de la section se passèrent auprès de Dormans, dans une ferme où nous étions cantonnés.

Cette ferme était exploitée par des Belges ; avec une grande culture, ils avaient un nombreux bétail : quatre-vingts à cent grosses bêtes, bœufs, vaches, et des chevaux que montait en cow-boy consommé, la fille de la maison, amazone intrépide.

En son honneur, le camarade Bertrand, un sergent rengagé tiré à quatre épingles, donnait un tour de plus, à la belle boucle blonde, ornement de son front.

Le principe des sections de discipline établi, chaque général avait été laissé libre d'en réglementer à sa guise, le fonctionnement et l'utilisation dans sa division.

Chez nous, on préféra ne pas compter au feu sur des hommes peu sûrs, et ils furent exclusivement employés aux travaux et aux ravitaillements.

L'obéissance devait être absolue, les gradés ayant sur les hommes un pouvoir sans limite.

Leur ravitaillement n'était pas diminué, vin et eau-de-vie, même en rations supplémentaires, leur étant donnés comme aux autres ; ils touchaient tout leur prêt.

Somme toute, ils étaient des embusqués, auprès de leurs camarades des tranchées ; point de factions de garde, jamais aux attaques.

Seulement !... un petit seulement de rien du tout. Aucune permission ne leur était accordée tant qu'ils étaient chez nous. Au cours des grands repos, les corvées de quartier, et ensuite la consigne perpétuelle ; pas de visites permises aux Madelons des guinguettes.

Jamais de relève dans les périodes en ligne.

Tandis que les gradés, alternant, allaient prendre par moitié un repos chaque semaine, pendant cinquante jours les hommes restaient en ligne.

Cette consigne continue, et la privation des permissions, touchèrent les mauvaises têtes, mieux que des châtiments plus ostensibles.

L'effet en fut magique ; la rébellion immédiatement matée, ne put ensuite jamais reprendre ses racines.

Nos disciplinaires du début, jeunes soldats entraînés par de mauvais camarades, regrettant leur conduite, étaient honteux d'être à la section.

Ils ne l'avouaient pas à leurs familles, laissant adresser leurs lettres à leur ancienne compagnie, ou faisant mettre en suscription la seule mention S D.

Aux indiscrets, qui demandaient la signification

de cet indicatif, ils répondaient crânement : « Cela veut dire : section d'attaque ! »

«... dimitte nobis debita nostra, sicut et nos dimittibus debitoribus nostris », la miséricorde de Dieu est infinie, ne doit-elle pas montrer la voie à celle des hommes ?

Ce régime sévère n'était heureusement que de courte durée, pour ceux qui le désiraient, et qui le méritaient par leur bonne conduite.

Deux mois de présence sans remontrances, suffisaient pour leur correction. Au bout de ce temps ils étaient renvoyés à leur corps.

Mais pour obtenir cette faveur, ils ne devaient avoir encouru aucune réprimande, pendant tout ce délai ; un reproche les retardait, une punition recommençait une période de deux mois.

Chaque fin de mois, le lieutenant réunissait tous ses sergents, et ensemble, examinant les titres de chaque candidat au départ, on jugeait en une décision sans appel, lesquels avaient mérité leur élargissement.

Nous perdîmes assez vite la plupart des recrues du 152.

Quand ils rentrèrent à leur régiment, l'excellent colonel Barrard, aussi brave homme qu'il était un homme brave, les reçut chacun en particulier.

Après leur avoir montré leur égarement, il leur offrit de choisir la compagnie où ils voulaient aller.

Ensuite, il prévint leurs capitaines, d'avoir à les proposer d'office pour une citation, à la toute première affaire à laquelle ils participeraient.

Cette citation, suivant la loi, comportait l'amnistie complète de leur condamnation, levant la menace et la honte qui restaient maintenues sur leur tête, par la suspension de leur peine.

Il n'y eut pas de meilleurs soldats ensuite ; j'en connus qui devinrent sergents ; un autre se signala par sa spécialité pour faire des prisonniers.

Aucun disciplinaire renvoyé à son corps ne revint jamais chez nous ; la correction avait fait son effet, et lui avait suffit.

Mais nous n'avions pas seulement des brebis égarées, faciles à ramener au bercail. Nous eûmes, surtout par la suite, toutes les sales bêtes de la division.

Quand un capitaine était las de réprimander, ou de punir une mauvaise tête récidiviste, il signalait l'homme au général, qui nous le confiait aussitôt avec tout son casier judiciaire.

Toute la mauvaise graine afflua donc chez nous : lâches, déserteurs, voyous, apaches, ivrognes.

A cause de ces rebuts, il était nécessaire de bien serrer la vis.

Nous les avions dressés à une stricte discipline, et corrigé leurs continuelles tentatives, pour s'écarter des cantonnements non clos, par des appels fréquents et inopinés.

Au milieu d'une causerie, le sergent de jour se levait, et donnait au dehors un bon coup de sifflet.

Instantanément, tous les hommes volant, en tenue

quelconque, devaient se trouver assemblés à leur ordre, sur deux rangs dans la cour.

Un coup d'œil, ou un appel, jugeait si tous étaient présents, et si la mobilisation avait été rapide, ils étaient renvoyés.

Mais si elle avait été un peu nonchalante, suivant la tendance des débuts, le dernier arrivé était repéré.

Invité à se mettre en grande tenue de campagne, avec tout l'équipement, sac au dos, baïonnette au canon et l'arme sur l'épaule, pendant une heure, il faisait le peloton de chasse autour de la cour.

Aucune mauvaise humeur n'étant tolérée, les plus violents furent vite mis au pas, par cette médication.

L'un d'eux dans une marche, geignant, tirant la patte, jurait qu'il ne pouvait plus suivre la colonne. L'étape n'avait pourtant pas été dure.

Finalement, il se laissa tomber dans le fossé, disant qu'il préférait mourir à cet endroit.

— Ceci, dit le lieutenant, est un désir facile à satisfaire.

Armant son revolver, il l'approcha de son oreille.

— Voulez-vous repartir ?...

— Non, tuez-moi...

— Une fois... deux fois... trois fois !...

Pan...

Le coup passa si près que le chapeau tomba...

Aussitôt, comme un diable jaillissant de sa boîte, notre homme était debout, et, tout courant rejoignait la colonne.

[*]

Le grand repos de la 164e division terminé, elle remonta en ligne près de Reims, et le 152 prit position, aux abords des cavaliers de Courcy.

Suivant notre organisation, nos effectifs comprenant des hommes et des gradés de toutes armes, nous devions alterner dans tous les corps, et être affectés six mois à chaque régiment d'infanterie, ou chaque bataillon de chasseurs.

Nous commencions avec le 152, où nous étions en subsistance à la 10e compagnie, commandée par le capitaine Thomas.

J'y rencontrai plusieurs fois mon compatriote Babel, un des as du régiment, un brave à trois poils, qui, entre autres exploits, avait été le principal héros de la célèbre affaire de la Creute du Dragon.

Cette extraordinaire aventure, qui est peut-être l'épisode authentique le plus curieux de la grande guerre, vaut d'être rappelée.

Le 25 juin 1917, le 152 étant à Craonnelle, avait devant lui des positions allemandes exceptionnellement fortes, dont les réserves étaient réunies dans une vaste grotte naturelle, véritable forteresse pouvant recevoir un régiment, les services sanitaires, les munitions, à l'abri parfait des plus gros explosifs.

Cette caverne, située près de la ferme d'Hurtebise, avait plusieurs entrées principales vers le nord, donnant sur la vallée de l'Ailette, qui étaient connues de notre état-major, et quelques autres ouvertures accessoires qu'il ignorait.

Au cours de l'une des offensives du Chemin des Dames, la 10e compagnie du 152, reçut pour mission spéciale, la prise de la Creute du Dragon, nom désignant la grotte.

Après un tir de destruction formidable, dirigé notamment sur les entrées connues de la caverne, qu'il réussit à bouleverser, l'assaut fut déclenché dans un élan irrésistible, foudroyant, cependant que l'artillerie divisionnaire continuait le pilonnage des tranchées ennemies.

C'est le spectacle de cette furia francesa, qui avait arraché au général Gaucher, son exclamation historique :

« Ce sont toujours les mêmes... oh ! les braves enfants.»

et mérité au régiment la fourragère jaune.

Chaque section de la compagnie, avait un objectif déterminé, qu'elles s'efforcèrent d'assurer au milieu d'un feu d'enfer. Il revint 40 hommes sur 150, la 4e section entièrement anéantie.

A travers cette furieuse mêlée, mon ami Babel qui était agent de liaison, fut chargé d'une mission auprès du commandant. Sur son chemin de retour, son attention fut attirée par une ouverture de sape, qui, munie d'un escalier, lui parut être un abri organisé.

Il s'en approcha, criant depuis l'entrée : « Y a-t-il du monde là-dedans ? »

Sans réponse, il ne voulut pas y pénétrer tout seul, et, cherchant quelque renfort, il ramena rapidement avec lui, le sergent-fourrier Cavalier et le soldat Huguenin.

Comme ils revenaient, ils trouvèrent également en haut de l'escalier, le caporal brancardier Delfour, et l'Aumônier Py, soldat brancardier, qui étaient en quête d'un abri, pour installer le poste de secours.

Ils descendirent ensemble l'escalier assez large, et, à dix mètres de profondeur, se trouvèrent en présence d'une nombreuse troupe d'Allemands.

Huguenin, rendu enragé par la surexcitation du combat, voulait tirer dans le tas, mais ses camarades le calmèrent, cependant que l'aumônier s'avançait au devant des Allemands, le Christ haut levé, montrant son brassard pacifique d'infirmier, et les exhortait à une reddition amiable, pour éviter, disait-il, un massacre certain, horrible et inutile.

Un officier pleurait de voir cette troupe nombreuse, formidablement approvisionnée, prise dans une souricière, à la merci de cinq Français, dont trois seulement étaient armés. Quelques hommes faisaient mine de vouloir résister, mais ils en furent empêchés par leurs chefs.

Voici ce qui s'était passé.

Deux jours auparavant, les Allemands, redoutant justement ce qui devait arriver, avaient retiré la grosse partie des troupes de réserve, amassées dans la grotte.

Le tir de destruction ayant bouché les issues nord, les occupants, pris comme dans un piège, ne pouvaient plus sortir que de notre côté, ce qui fut rendu impossible par la soudaineté de l'attaque, suivant instantanément le marmitage.

Il y avait là 300 hommes, 9 officiers, 10 mitrailleuses, et un immense approvisionnement .

Les officiers, dont un parlait très bien notre langue, jugeant sainement la situation, convinrent qu'ils se rendaient, mais ils demandaient la présence d'un officier français, pour recevoir leur soumission, et mieux garantir leur sécurité.

Mon ami Babel se chargea encore de ce soin, et s'en fut, toujours sous les rafales, prévenir ses chefs.

Le lieutenant Estienne à qui il s'adressa, engagé en plein dans l'action du combat, ne voulut pas quitter ses hommes et son poste terrible, et Babel revint sans officier.

Pendant qu'il circulait ainsi au milieu d'une fusillade effroyable, le caporal brancardier Delfour, à l'abri au fond du trou, un Parisien dégourdi, trop en la circonstance, rédigeait une attestation qu'il fit signer aux Allemands, par laquelle ils étaient censés déclarer avoir été capturés par le service de santé.

Finalement, du monde s'attroupa, un major se présenta, en l'absence des officiers retenus au combat qui battait son plein, et les Allemands, déséquipés, furent sortis.

Sitôt dehors, ils filaient comme des flèches vers nos lignes, redoutant la mitraille qui faisait toujours rage.

En cette affaire qui fit beaucoup de bruit le service de santé, par un tour de ficelle peu honnête, s'attribua un mérite prépondérant qui n'était en rien justifié, et tous les honneurs de la capture furent pour eux.

La 10e compagnie, dont la prise de la grotte était l'objectif déterminé, avait parfaitement rempli sa mission, payée par la perte des deux tiers de ses hommes.

C'est leur fougue irrésistible et subite qui avait empêché les Fritz de sortir, c'est par le nettoyage des nids de mitrailleuses, répandus aux abords du trou, qu'ils en avaient rendu l'approche praticable, ce sont ses hommes qui l'avaient découvert les premiers, et qui, seuls armés, avaient pu en imposer un peu aux occupants.

La compagnie n'en fut pas même félicitée, et ses trois hommes, acteurs principaux de l'exploit, n'en reçurent aucune récompense.

Comme il arrive souvent, ce n'est pas toujours celui qui gagne le foin qui le mange.

Le lendemain, dans la continuation du combat, Babel allait rechercher, devant les mitrailleuses allemandes, deux camarades blessés qu'il ramena sur son dos.

Aussi, quand après une chaude affaire, le général mit à la disposition du colonel, une médaille militaire pour chaque compagnie, à donner au plus digne

désigné par ses camarades, il n'y eut qu'un cri à la
10e, jailli spontanément de toutes les poitrines, dans
une unanimité touchante, absolue, non concertée :

« Babel... Babel... elle doit être à Babel. »

*
* *

Notre séjour aux Cavaliers de Courcy fut tranquille et sans histoire.

Nous y fîmes surtout des travaux de nuit : creuse-
ment de tranchées, et pose de réseaux barbelés.

La consigne tacite et respectée dans les deux
camps, était de rester calmes, dans une sorte de trêve
officieuse.

C'est ainsi que nous pûmes construire des réseaux
de protection, en travaillant hors des tranchées, à
côté des Allemands qui s'occupaient de leur côté.

L'un d'eux s'étant approché, tendant des cigarettes
à nos travailleurs, il fallut le menacer pour qu'il
s'éloignât, sans avoir l'air de prendre la menace au
sérieux.

Un autre jour, un compatriote de notre adjudant
étant venu le voir, nous offrit des cigares qui lui
avaient été donnés par un Allemand.

La nuit précédente, étant de garde sur un bord du
canal, il avait aperçu quelque mouvement sur la rive
opposée.

Plaçant son casque au bout de son fusil, il l'agita
hors de la tranchée, et le même signal répondit d'autre
part.

Enhardi, il risque un œil, le voisin en fait autant ;
notre troupier lui fit voir son bidon, l'autre tendit
son quart.

Comprenant aussi bien l'un que l'autre la signification de ce code secret, ils sortirent ensemble de
leurs tranchées respectives, et se joignirent au centre
du canal asséché.

« Prosit !... » « A la tienne !... »

Ils trinquèrent fraternellement, et en échange de
son vin français, notre soldat remporta une bonne
poignée de cigares allemands.

Il nous en faisait profiter.

Nous passions le jour dans des abris souterrains,
et ceux des hommes qui n'avaient pu y trouver place,
s'étaient terrés dans des abris de fortune, creusés au
revers des tranchées.

Ils n'y furent guère inquiétés.

Les hommes disséminés au hasard de ces abris,
restaient ainsi libres, sans surveillance.

On se retrouvait le soir, auprès du canal, pour le
départ au travail.

Quelques-uns profitaient de cette absence de surveillance, pour s'écarter un peu à la recherche de
pinard, mais nous fermions les yeux, évitant de les
rencontrer, et à part quelques incidents légers, tout
se passa bien.

Dans cette région, au cours d'une relève, je fus
témoin du plus bel exploit d'aviation, qu'il m'ait été
donné de voir de toute ma vie.

J'avais été voisin de l'escadrille des Cigognes ; je

voyais souvent la rentrée des vainqueurs, annonçant leurs victoires par des cabrioles, j'avais vu les loopings de Guynemer, mais aucun n'avait atteint la virtuosité de celui-ci.

.J'arrivais sac au dos, à hauteur de la verrerie de la Neuvillette, lorsque je vis au-dessus de St-Thierry, un avion allemand reconnu, pris en chasse par toutes les batteries des environs.

Je suivais avec l'intérêt habituel l'éclatement des obus, et le rapprochement des flocons blancs qui devenaient de plus en plus nombreux.

La position de l'aviateur était très critique.

Tout à coup, dans la campagne environnante, de toutes les poitrines, de tous les hommes présents, spectateurs de la lutte, le même cri sortit :

— Bravo, il est touché !...

Et il tomba.

L'avion livré à lui-même, descendit en feuille morte, tournoyant lentement sur l'aile.

Petit à petit, les canons s'étaient tus ; à quoi bon tirer sur l'ennemi vaincu.

De tous côtés, des hommes couraient, se hâtant vers le point présumé de la chute.

Et il tombait toujours dans le même tournoiement.

Fatigué de ce long spectacle, j'avais posé mon sac, puis je m'assis sur une borne, et toujours l'avion descendait.

Quand le dernier canon eut lancé son dernier obus, et que les artilleurs eurent quitté leurs pièces, en un gracieux redressement, l'aviateur arrêta son tourbillonnage, et posément, délivré de ces mouches bourdonnantes, il reprit son ascension, et disparut peu après dans le ciel.

Cette chute en feuille morte, avait duré au moins de cinq à sept minutes ; sportivement je ne pus m'empêcher d'applaudir.

Je ne sais pas encore, ce qui à ce moment était plus fort en moi, entre le dépit et l'humiliation du tour supérieurement joué à nos artilleurs, ou l'admiration, et le contentement, d'avoir été témoin de cette prouesse unique.

Nous prenions le repos hebdomadaire des cadres à Saint-Brice, petit village dans la banlieue de Reims.

Nous y vîmes le Cardinal Luçon. A l'issue d'une conférence, qu'il fit au régiment en l'église de St-Brice, reçu par les officiers, il fut promu au grade de soldat honoraire du 152e.

Je lui envoyai ma carte de la fourragère, dont il m'accusa réception par une aimable lettre.

Je fis de fréquentes visites à la cathédrale bombardée, je lisais, je me promenais.

Avec un camarade, nous assurions aussi le ravitaillement en bois de notre cuisinier.

Nous partions avec une petite charrette, sur les bords du canal de la Marne, où gisaient des arbres fauchés par les obus, et bûcheronnant dans le tas, nous ramenions la provision de quelques jours.

Il n'aurait pas fallu, pour ce service collectif, demander la collaboration du collègue Bertrand. C'était une occupation humiliante, indigne de la majesté d'un sergent rengagé.

Il proclamait volontiers, qu'il eût préféré se passer de manger, que de payer ses repas de cette déchéance.

Quant à Lepage, qui comptait à notre groupe, il était hors concours par droit divin.

Il ne se serait pas donné le ridicule de formuler les protestations de Bertrand, n'en ayant pas besoin ; il avait le don inné de savoir se faire servir.

Il empruntait volontiers un pantalon plus propre que le sien pour aller en permission, mais il n'aurait jamais voulu traverser la place, un paquet sous le bras, pour se rendre chez le tailleur.

En cette nécessité, il passait devant, désinvolte et souriant, la cigarette aux lèvres, et quinze pas en arrière suivait le cuisinier, ou même un caporal, réquisitionné pour porter le paquet.

De bonne famille bourgeoise, homme du monde accompli, il possédait une culture raffinée et une instruction étendue ; il était licencié en droit.

Que de moments amusants il nous a fait passer, au récit d'anecdotes sur les coulisses de la vie mondaine, sur les gens de théâtre, sur la magistrature et sur le parlement.

Ayant la rime facile, il improvisait en dix minutes les chansons de circonstance sur des airs connus. Nous eûmes par lui le chant de la S D, sur l'air approprié des soldats mutinés :

« Braves soldats du dix-septième... »

C'était l'homme aux discours impromptus. Sans aucune préparation, sur un sujet quelconque, il nous faisait incontinent une conférence d'une heure, toujours intéressante : l'éloquence coulait de sa bouche, comme le lait coule aux pis des chèvres de l'Hymette.

Jamais sa famille ne connut son abaissement de grade, sa mère tout au moins, pour laquelle il professait une grande vénération, et qu'il n'eût pas voulu attrister.

Quand il devait la voir, il remettait sur ses manches les galons de sergent-major.

C'était la providence de notre lieutenant, un excellent homme, soldat de carrière sans beaucoup d'instruction.

Ses connaissances de sergent-major étaient utilisées en bien des circonstances

Comment des hommes de bonne société, habitués aux thés des five-o-clock parisiens, purent-ils à la guerre se livrer comme des dockers à la consommation du vin ?

Car c'était encore une capacité de notre ami : il buvait comme un trou.

Entendons-nous sur ce point : jamais il ne buvait pour s'enivrer, mais il buvait beaucoup.

Pour préciser, il fallait cinq litres de vin, pour sa consommation journalière.

En cela, il ne se singularisait d'ailleurs pas de ses collègues et de notre officier.

Partenaires assidus, des interminables manilles qui occupaient le vide de leurs journées, il leur eût été impossible de jouer, s'ils n'avaient pas eu le bidon sur la table, et les quarts garnis, pour mouiller fréquemment les gosiers altérés. « Faisons-nous une partie ? » — « Impossible... les bidons sont vides ! »

Aussi, la poursuite du pinard était-elle un problème toujours d'actualité.

A St-Brice, près de la coopérative, elle était sans difficulté, mais il n'en était pas toujours ainsi.

Sans goût pour ces libations étendues, je ne refusais pas mon concours pour assurer le précieux ravitaillement.

Une fois que j'étais allé à la distribution, je dus prendre la suite d'une queue immense : la queue des spectateurs à l'Opéra, un jour de représentation gratuite.

Deux heures après, ayant triché quelques places par des ruses de Sioux, j'approchais enfin du tonneau vénéré, quand une voie impie lança au distributeur :

— Dépêche-toi donc, eh, embusqué !...

Emu d'une si grave injure, l'honorable préposé bondit sous l'outrage, et, fermant son robinet :

— Moi ! un embusqué, qui a dit cela ?... puisque c'est comme ça, la distribution est finie !...

Un frisson de terreur secoua l'assistance.

Je crus que le sacrilège auteur de l'insulte serait écharpé par ses voisins, et tous ensemble le huant, nous protestâmes avec véhémence :

— Qu'est-ce qu'il dit cet imbécile ? t'en fais pas, c'est un ballot ! enlevez-le !... continue, valeureux guerrier, oh ! continue ton office sacré ; nous connaissons tous ta bravoure et tes exploits !...

Loin de moi l'idée de médire du vin.

Suivant un mot de Pétain, il fut l'un des premiers artisans de la victoire.

Bienheureux pinard, esprit de France, gaîté des cœurs, quelles réserves immenses de courage et de bonne humeur, de joies et de consolations tu roulais dans tes flots !

Quel merveilleux anesthésiant sut jamais mieux que toi, verser l'oubli sur les misères passées, et apaiser les douleurs présentes ?

En cet endroit, je fus une nouvelle fois accusé d'espionnage, et peu s'en fallut que je ne passe en conseil de guerre, pour complot contre la sûreté de l'Etat.

Un de nos camarades avait une fiancée dessinatrice, qui illustrait ses lettres de dessins à la gouache, représentant des midinettes dans une infinie variété d'attitudes amusantes.

Il était négligent, et laissait traîner ces dessins, affectant une cavalière indifférence à leur égard.

J'avais ramassé plusieurs fois une très belle image que je remettais dans son assiette.

Il s'entêtait, et ne voulait pas la ranger.

Je la glissai dans une enveloppe, sur laquelle j'imitai l'adresse habituelle, puis j'y dessinai le cachet de la poste, et la lui fis remettre par notre vaguemestre.

Sans défiance il ouvrit la lettre, regarda le dessin, surpris : « Mais !... j'ai déjà vu la même... » puis,

retrouvant également le même texte, il fronça les sour-
cils, s'abîmant dans une profonde méditation.

Revoyant l'enveloppe, il reconnut enfin la super-
cherie.

« Oh ! les brigands... ils m'ont eu ! » et il rejeta le
tout sur la table.

Je recueillis l'image une fois de plus, et la retournai
à la jeune fille, avec la manière de s'en servir :

« Vous avez, Mademoiselle, un fiancé charmant,
bien digne de la délicieuse artiste que vous êtes, mais
il est un peu négligent, et il faut que vous nous aidiez
à le corriger de cet affreux défaut.

Pour lui apprendre à serrer sur son cœur vos gentilles
petites filles, remettez celle-ci à votre bureau de
poste, sans autre explication, et... motus. »

La lettre revint, avec suscription et cachet, bien
authentiques cette fois, et toujours même contenu.

La réflexion fut cette fois plus ardue ; fut-il mis
sur la piste par le sourire d'un collègue ? il comprit
à la fin.

— Ah ! les rossards, dit-il, ils m'ont reu !...

Jusqu'ici c'était du vaudeville, mais nous allions
bientôt avoir la tragédie.

L'aimable fiancée voulut remercier ses alliés, et
adressa sa lettre, collectivement, aux sergents du
premier cadre de la S D.

Cette pratique était interdite, car des défaitistes en
avaient usé, pour envoyer leurs tracts par la poste
gratuite, à des groupements où ils ne connaissaient
personne.

Le vaguemestre remit l'enveloppe, délictueuse, à

l'officier d'approvisionnement, exerçant la fonction de censeur.

C'était un camarade de notre lieutenant, **ancien** soldat avec lui, à la comprenotte un peu rudimentaire.

Il sursauta à la vue de la lettre, et nous fit **mander** aussitôt.

— Vas-y, dirent les collègues, ce doit être **pour toi.**

Il me montra l'enveloppe :

— Connaissez-vous ceci ?

— Mais il me semble.

— Faites attention à vos paroles : vous reconnaissez bien que c'est pour vous ?

— Mais parfaitement ; je sais d'où elle vient, et ai tout lieu de croire qu'elle nous est destinée.

— En ce cas votre affaire est claire !...

Et de l'air du juge d'instruction, montrant à l'accusé la preuve de son crime, avec un geste d'horreur indignée il me tendit la carte :

— Essayez voir alors de m'expliquer ceci !...

Un fou rire m'empêcha d'abord de répondre.

Le dessin habituel représentait une délicieuse jouvencelle, baissant les yeux d'un petit air pudiquement mutin, sommairement vêtue, ou plutôt dévêtue, par un soupçon de chemisette transparente, croisant sur sa poitrine ses mains aux doigts ouverts, comme pour masquer sa gorgerette.

Un grand panier tronconique, en fil de ronce artificielle, imitant la carcasse des crinolines surannées de nos vieilles grands-mères, lui ceinturait la taille.

Sous l'image figurait la légende :

A l'abri des contre-attaques !!!...

et au verso ce texte :

Messieurs,

« Je vous remercie bien de votre initiative... Le
« nécessaire est fait... J'espère que les résultats de
« notre complot ! seront satisfaisants... Ne craignez
« rien, je sais garder un secret, et les conjurés ne
« seront pas trahis.
« En témoignage de ma gratitude, veuillez accep-
« ter ce petit projet d'organisation de travaux défen-
« sifs !...»
« Vous pouvez l'utiliser, je n'en revendique pas
« le brevet d'invention.
« Mais je ne dis pas où sont les barbelés, bien trop
« de volontaires s'offriraient pour avoir l'honneur
« de les couper !!!... »

Le brave lieutenant, certain d'avoir enrayé une
sombre trahison, me regardait d'un air terrible.
J'essayai de lui expliquer l'affaire, mais il ne comprit pas grand'chose à cette intrigue de comédie,
plaisanterie inconnue dans le lot ordinaire d'amu-
sements du troupier.
Je forgeais une histoire cousue de fil blanc, pour
les besoins de ma défense.
Je fis venir mes camarades pour certifier mes dires,

et mon lieutenant, son ami, qui se porta garant de mon patriotisme ; il lui restait des doutes.

Pour décharger sa conscience, il en référa au colonel, qui s'en fit cinq minutes de bon sang.

Il rendit une ordonnance de non-lieu, engageant l'accusé à éviter le retour de pareil incident.

XI

Après le secteur sans événements de Reims, et un repos normal, nous gagnâmes Verdun.

Nous étions à l'hiver 1917, après l'épopée héroïque des grandes luttes du plateau de Douaumont.

Le secteur, néanmoins, restait très agité.

Les Allemands, refoulés derrière Bezonvaux, ne cessaient de faire sentir leur pression, par des feux ininterrompus et des bombardements.

Aucun ouvrage de protection n'avait pu, sous ces rafales, être établi en première ligne.

Ni réseaux barbelés, ni tranchées, ne donnaient aux sentinelles une sécurité relative.

Pour veiller devant les compagnies, tassées comme harengs en d'étroites casemates, les hommes de garde étaient embusqués dans des trous d'obus, accroupis dans la boue froide de décembre.

Placés avant le jour, l'œil et l'oreille au guet, ils assuraient la tranquillité de leurs camarades, attendant l'autre nuit pour être relevés.

Aussi, la relève ramenait très souvent, un homme aux pieds gelés.

Dans ce secteur sans combats importants, le régiment fondit comme dans les périodes de batailles animées.

La communication des compagnies avec l'arrière, était assurée par deux pistes, pour tout le front du régiment.

Ces pistes, faites de caillebotis et de fascines, jetés sur un sol déchiqueté et boueux, connues des Allemands, étaient le but constant de leurs bombardements.

Elles convergeaient vers les carrières de Hardaumont, où était organisé le P C du colonel, les approvisionnements et le poste de secours.

C'est de là que chaque nuit, les voitures du train qui amenaient les vivres, redescendaient, emmenant les blessés et sept ou huit cadavres.

La section de discipline, cantonnée le jour dans des casemates, au ravin de la Mort, était chargée la nuit, de porter aux hommes des premières lignes leur ravitaillement.

C'était au tour du second cadre des gradés à commencer le service, et nous restâmes la première semaine à Verdun.

Par une curieuse coïncidence, j'étais logé avec mes camarades, dans ce même pavillon de la caserne Chevert, où se couvrit de gloire un héroïque député.

Sous mes fenêtres, dans la cour, j'avais constamment sous les yeux, la statue en bronze du célèbre Vauban, soulignée de sa devise favorite :

Point de repos en France pour un homme de guerre,
Tant qu'il y aura un Allemand en deçà du Rhin.

Du côté de la rue, je faisais face à la maison où j'avais cantonné jadis, vide, puisque tous les gens de Verdun avaient été évacués.

J'allai la visiter ; elle avait peu souffert, défilée du tir des gros obus par la butte St-Michel.

La toiture surtout était endommagée, de nombreuses tuiles ayant été cassées par les schrapnells.

Je m'occupai de la réparation facile de ce toit.

Puis ayant connu la nouvelle adresse de mes hôtesses, par le secrétaire de mairie réfugié à la citadelle, je leur écrivis pour leur apprendre l'état de leur propriété, dont elles étaient sans nouvelles depuis leur départ.

Nous fîmes de fréquentes visites à la ville de Verdun, particulièrement à la citadelle, où nous trouvions un abondant et très divers approvisionnement.

Cette semaine s'écoula ainsi tranquillement, coupée seulement d'un petit incident amusant.

L'ami Bertrand avait oublié une partie de son cœur à Dormans.

Depuis quelque temps, il se voyait dans ses rêves, le prince consort de la belle amazone.

Toutefois, il n'avait conservé avec elle aucune relation, et ne possédait aucun point de repère, sur le succès possible de sa candidature.

— Tu n'as qu'à le lui demander, lui disais-je; à beau demandeur, beau refuseur.

— Mais comment demander cela ?...

— Ah dame ! trempe ta plume dans ton cœur, et laisse-là courir sur le papier.

— Dis donc, arrange-moi ça, tu sauras mieux que moi.

— Ah çà ! jamais de la vie ; il n'y a pas de meilleur professeur d'éloquence que l'amour. Tourne la clenche de ton cœur, et selon ce qu'il contient, il en sortira du vent ou de la poésie.

Et je refusais en riant d'être son secrétaire.

Tenace, il y revenait, mais toujours sans succès.

Un soir, je le vis, courbé sur une grande feuille, peiner considérablement pour assembler quelques phrases.

La mèche blonde en fit des tours et des détours !

Arrêté au milieu de ce labeur d'Hercule, sans rien dire, il glissa sous mes yeux le papier.

C'était du galimatias double, car la destinataire n'y aurait pas compris plus que le signataire.

— Mon brave ami, lui dis-je, si ta flamme n'est pas plus incandescente que ta prose, tu ne risques pas d'incendier la demoiselle.

Touché par sa constance, je me laissai fléchir, et lui pondis par amusement une lettre brûlante, capable d'embraser un escadron d'amazones.

Il la recopia en belle calligraphie, et, après trois

jours d'angoisse, il recevait le consentement de la jeune fille et des parents.

Il me fallut répondre une belle lettre d'action de grâces et de remerciements, et il aurait volontiers prié, que je continuasse toute sa correspondance de fiançailles, mais je m'en tins à ce succès, lui disant :

— Holà ! mon bon ami, viendrais-tu me chercher par hasard, le jour des noces, pour mettre le point final à ma correspondance amoureuse ?

***

Le lieutenant était monté avec le deuxième cadre des gradés.

Avec l'adjudant, commandant en second la section, et les caporaux, je partis le dimanche au crépuscule faire la relève, accompagné d'un seul sergent.

Bertrand partait en permission, et Lepage avait organisé un filon.

J'ai dit qu'il avait le don inné de se faire servir ; mais il possédait à un aussi haut degré, l'art de ne pas servir, quand il y trouvait quelque désagrément.

Je crois que l'on désigne cet art « savoir nager » et cette expression contient toute la gamme des délicatesses, et du naturel qu'il comporte, pour ne soulever aucune critique.

Lepage tout simplement, envoya le caporal fourrier en permission, et décréta qu'il restait à Verdun, pour faire son intérim.

Un sergent du cadre au repos, aurait pu remplir

quelques jours cet office, mais cela n'eût pas fait l'affaire de notre homme.

Quand le fourrier fut revenu, et Bertrand également, il attendit l'heure de la seconde relève, et cette fois partit lui-même en permission.

La permission s'allongea au possible, et, au retour, Lepage estima qu'il restait peu de jours à passer en ces lieux, et qu'il était trop tard pour commencer à faire du service.

C'est ainsi qu'il put passer tout le temps de notre séjour à Verdun, sans faire une seule fois la corvée des premières lignes,

Nous arrivâmes de nuit au ravin de la Caillette, et tout aussitôt, l'autre cadre partit, en nous donnant une consigne très brève.

Aller à la carrière de Hardaumont, avec les hommes, et prendre les ordres au P C du colonel.

Je rassemble la section, et nous partons aussitôt avec deux caporaux et mon collègue Formet.

De l'adjudant il n'était pas question.

Ainsi que le lieutenant, ces deux chefs de section, n'exerçaient leur autorité qu'à l'abri, mais à l'avant, ils nous déléguaient tous pouvoirs, et aucun n'accompagna jamais une corvée.

J'entrai au bureau du colonel, et, trouvant deux officiers, je me présentai avec mon ami :

— Le nouveau cadre de la S D.

— Ah ! c'est vous le nouveau cadre, dit le lieutenant Berger ; eh bien ! nous souhaitons que cela marche mieux qu'avec le précédent !...

L'accueil n'était pas chaud ; ils me dirent que beaucoup de ravitaillement n'arrivait pas à sa destination.

— Nous comprenons que ce n'est pas amusant, mais cela ne l'est pour personne. Tenez, me dit-il, montrant le plafond réparé, et des giclures de sang qui marbraient les cloisons, voici la carte de visite de mon prédécesseur.

Un obus enfonçant le plancher l'avait mis en bouillie à cette même place.

Je fis, comme les jours précédents, distribuer les charges, et prenant la tête du convoi, nous partîmes vers Bezonvaux.

Nous étions en période de nouvelle lune ; sous un ciel de novembre, brumeux, nous marchions dans une obscurité absolue.

Un fil de fer posé sur des piquets jalonnait la piste, et comme le fil d'Ariane, dirigeait vers le but les voyageurs sans guides.

Tout à coup, près de nous, un miaulement avertisseur se fit entendre, et, tous les hommes planqués, l'obus éclatait à une courte distance.

C'était le bombardement quotidien de la piste qui commençait.

Quand le calme fut un peu revenu, nous repartîmes, et, après plusieurs alertes, nous atteignîmes les casemates où nous apportions les vivres.

Le capitaine comptant les colis, me fit observer qu'il n'avait pas son compte, et m'apprit que le fait étant habituel, les soldats se plaignaient et ne mangeaient pas à leur faim.

Des hommes devaient quitter la corvée, en jetant leurs charges, pour se sauver sous les obus.

Dans cette nuit absolument noire, toute lumière interdite, où je ne voyais pas mon voisin immédiat, la surveillance était impossible.

Au retour, je pris un homme plus sûr que les autres, et il m'expliqua la manœuvre.

Quand les bombardements étaient un peu intenses, certains porteurs jetant leur chargement, s'enfuyaient et, se cachant sous un abri quelconque, attendaient au retour le passage de la colonne, pour laisser croire qu'ils en faisaient partie.

Ils étaient encouragés dans cette lâche conduite, par l'exemple de certains gradés qui en faisaient autant.

Emu par cette révélation, le lendemain avant le départ, je rassemblai les hommes, et faisant ressortir l'indignité de ces procédés, privant de nourriture des camarades plus exposés qu'eux-mêmes, je les avertis que je saurais découvrir les coupables, qui seraient l'objet d'une punition sévère.

Nous sortions de la carrière, quand deux obus, cherchant le colonel et le dépôt des vivres, tombèrent près de nous, soulevant une gerbe de cailloux et de terre.

Un mulet prit peur, se cabra et tomba dans une tranchée.

Un homme était blessé, que je fis emmener au poste de secours.

Le premier saisissement passé, je rappelai mes

hommes, les comptai à tâton, en les mettant en ligne.

Tout le monde était là, mais bien des récipients de vin et de café avaient été renversés, leur contenu perdu. Je fis rentrer la colonne, remplacer ce qui manquait, et nous repartîmes.

Vers le milieu du trajet, le concert recommença, plus intense que la veille.

Au premier danger j'avais arrêté le convoi, laissant les hommes se terrer au sol le temps nécessaire.

Pendant un éclatement, j'aperçus à quelques pas un corps inanimé. Je m'en approchai, il était déjà froid, ce ne pouvait pas être un des nôtres.

Notre pose dura plus d'une heure, et pendant ce temps je recommandais la patience et le calme.

Enfin le feu cessa et je remis en route.

Arrivé à destination, chaque homme devait entrer, poser sa charge et ressortir aussitôt.

Je me plaçai à l'angle de l'entrée, prenant à la main un bloc-note et un crayon.

Chaque homme, en passant devant, dans les ténèbres, devait me donner son nom.

Je l'inscrivais à tâton sur un feuillet, et je tournais la page pour marquer le suivant.

Le déchet des vivres était cette fois important, mais je tenais les coupables.

Aussitôt rentré dans mon gourbi, je récapitulai, pointant les noms inscrits sur la liste de la section.

Trente-cinq noms manquaient à l'appel.

Sans désemparer, et avant tout repos, j'en fis sur une note le récolement, avec demande de punition, pour abandon de poste, et gaspillage des vivres du ravitaillement.

J'alertai aussitôt un caporal, pour porter à Verdun la note au lieutenant.

Une surprise bien désagréable m'attendait : les fuyards interrogés, prétextèrent avoir simplement suivi le sergent Formet.

Celui-ci, mis en queue de colonne et pris de panique s'était sauvé accompagné de ses voisins.

Sale histoire sur les bras ! Formet ne niait pas.

— J'sais pas comment ça s'fait !... comprends pas !... plus fort que moi !... ça n'm'arrivera plus...

Tout cela ne m'amusait pas, car je répugnais à attirer une grave sanction sur ce collègue, un des meilleurs.

Le lieutenant sauta en l'air, affolé, à l'arrivée du messager :

— Il est fou !... C'est impossible !... trente-cinq abandons de poste ! C'est toujours la même chose !... Quelle histoire, grand Dieu, quelle histoire !... S'il s'obstine dites-lui que c'est impossible, on ne peut demander ainsi des punitions en masse.

Le caporal revint apportant la réponse.

Je le renvoyai aussitôt, confirmant que j'exigeais les punitions et le motif ; pour éviter toute échappatoire, je prévenais le soir même le bureau du colonel.

Navré, le lieutenant dut s'exécuter ; c'était trente jours de prison pour chaque coupable.

Je les en avertis le même jour, en repartant à la

corvée, les prévenant que l'appel à l'arrivée recommencerait chaque nuit.

La séance de ce soir amena encore trente-deux défections.

Parmi les nouveaux, je fus surpris de trouver Lambert, moins mauvais que les autres, et le fis appeler.

Il vint tout penaud, me montrer ses chaussures dépourvues de semelles.

Sur les fascines et les caillebotis des descentes, le cuir s'arrachait vite, et le pauvre diable était presque à pieds nus.

A sa demande de punition, j'indiquai cette circonstance atténuante, et il fut moins salé.

Mais il m'avait mis la puce à l'oreille, et je fis procéder à un rassemblement.

Vingt-trois hommes manquaient à l'appel !

Se voyant mordus à chaque manquement, ils n'avaient pas insisté, et, obéissant à un mot concerté, ils avaient fui complètement, désertant à l'intérieur.

S'ils n'avaient pas déserté à l'ennemi, c'est que la chose n'était pas sans danger.

Leur perte ne m'inspirait aucun regret, car, vérification faite, elle nous débarrassait de la tourbe de la section.

Leurs camarades ne cachaient pas leur satisfaction de n'avoir plus la promiscuité de ces voyous.

Mais pour le lieutenant ce fut une autre affaire. Il s'en arrachait les cheveux ! Quels fâcheux événements dérangeaient son repos !... sans compter les suites, les procès-verbaux pour recherches, les dossiers à fournir pour les conseils de guerre.

Je fis venir des chaussures pour remplacer les plus malades.

Je demandai aussi le renvoi d'un caporal peu hardi, et désormais, tout se passa au mieux, sans incident, sans défections et sans pertes de vivres.

Le colonel mis au courant, nous envoya un ordre, suivant lequel tout gradé qui, en présence d'un refus d'obéissance, ne ferait pas usage immédiatement de son arme, devrait être cassé aussitôt de son grade.

Trois journées à la file, les hommes furent rassemblés, et mis au garde à vous, lecture leur fut donnée de cet avertissement.

*
* *

La semaine suivante, nous étions redescendus à Verdun, le second cadre ayant repris la place avec le lieutenant.

Les premiers jours, nous vîmes arriver un cavalier, porteur d'une note du général Gaucher.

Le général, ému par toutes ces histoires, ces désertions, ces demandes de punitions massives, envoyait son planton, avec ordre de ne pas revenir, sans être en possession d'un rapport détaillé.

Le lieutenant qui reçut le message était au paroxysme de son inquiétude :

« Là, ça y est !... qu'est-ce que j'avais dit ! c'est toujours la même chose quand on s'obstine !... ah quelle histoire !... bon Dieu de bois quelle histoire!...

Ne sachant quoi devenir, il me repoussait le messager avec un mot :

« Puisque vous avez embrouillé l'écheveau, chargez-vous de le démêler. »

— Tu n'es pas pressé ? dis-je au cavalier.

— Dame, on ne m'a pas fixé de temps, mais seulement de ne pas revenir les mains vides.

— Bon, va faire un tour en ville, tu reviendras dans deux heures.

Pendant ce temps, je remplis de longues pages du récit un peu dramatisé de nos aventures. Formet était sur des charbons ardents ; c'est son cas qui m'embarrassait, exclusivement.

J'expliquai qu'il était parti en arrière, sur mon ordre, pour retrouver et ramener les fuyards.

— Tiens, dis-je à Lepage, vois si on peut ajouter quelque assaisonnement utile à cette sauce.

— Ma foi non, c'est suffisant, mais pour que la présentation réponde au contenu, je vais le recopier.

J'écris, en effet, mal et sans ordonnance.

De sa plus belle écriture de sergent-major, il nous confectionna un rapport soigné et, le cavalier revenu, fut prié de le passer par chez le lieutenant.

Quand celui-ci eut le document, il en prit connaissance, inquiet tout d'abord. Peu à peu ses traits se rassérénèrent, puis passèrent à la joie, et à la fin, exultant, il pressa le messager de rejoindre son patron.

— Et surtout, lui dit-il, ne passez pas chez le colonel, j'aurais trop peur qu'il change un mot à tout ceci !...

C'en était fini de ses transes, et il respira désormais librement.

Effectivement, le général approuva notre conduite, et considéra les gradés de la S D comme de fameux lapins.

*
* *

De fameux lapins !!!... ils le prouvaient ces mêmes journées.

Au retour d'une corvée, Perrin, le grand Perrin, avait été bousculé par la déflagration d'un éclatement d'obus.

— Ah !... je suis mort !... gémit-il, et comme il ne se relevait pas, quatre hommes dévoués lui prenant bras et jambes, bien péniblement, avec beaucoup de poses, l'emportèrent au poste de secours.

Affalé sur une chaise, la respiration coupée, il geignait.

— Où êtes-vous blessé ? demanda le major, ne voyant aux habits aucune déchirure.

— Ah !... je suis perdu !... j'ai mal partout !... allez-vous m'évacuer ?...

— On va voir cela, ôtez votre pantalon.

— Mais...

— Otez, vous dis-je !

Un peu calmé par cette douche fraîche, et penaud, le sergent, péniblement, abaissa la culotte.

Ses jambes avaient reçu des éclats... qui n'étaient

pas d'obus !... mais d'égratignures point !... du jaune, mais pas de bleus et encore moins de rouge.

— A d'autres... dit le major, et sans plus rien lui dire, oubliant sa présence, il se détourna du maître de dressage.

Il était pourtant touché et bien touché, et ne put plus reprendre de service.

La foire continuant, il s'évacua lui-même, et redescendit à Verdun ; nous vîmes Marius, qui n'avait rien du roi des Cimbres, arriver pâle, défait, semblant un moribond, jusqu'à la fin de la semaine où il eût dû être en service.

Je reçus cette semaine une lettre du préfet de mon département.

Voulant commencer les déblaiements, en vue de la restauration future, des villages dévastés des Vosges, hors de portée de l'ennemi, il me demandait par lettre circulaire, si, au titre d'entrepreneur de travaux, je voulais m'en occuper avec mon matériel.

J'entrevis aussitôt la roue de la fortune passant à ma portée, n'ayant qu'à la saisir et me laisser aller. Sitôt la paix signée, je me serais trouvé déjà engagé dans les reconstructions, en selle, le pied à l'étrier, avant que les autres ne se soient présentés.

Par la fenêtre ouverte, j'avais au même instant sous les yeux, la statue de Vauban avec sa devise.

Est-ce lui qui dicta ma détermination ? je ne crois pas, mais il inspira ma réponse.

Sur un grand papier ministre, je mis en exergue la célèbre maxime.

> Point de repos en France
> Pour un homme de guerre,
> Tant qu'il y aura un Allemand
> En deçà du Rhin.
>
> VAUBAN.

Monsieur le Préfet,

Je suis soldat, et veux rester soldat, jusqu'à l'expulsion du dernier Allemand.

Croyez, Monsieur le Préfet,
à ma considération la plus hautement distinguée.

Je riais de la tête des embusqués de la préfecture. « Tu es piqué, disaient les camarades. Phénomène va ! on te mettra dans un bocal, pour ne pas en perdre la race. »

Je remontai pour la quatrième semaine, avec les sergents Bertrand et Formet, Lepage étant en permission.

Nous emportions d'amples provisions, dont nous avions fait choix à la citadelle.

Jamais je ne mangeai avec autant d'appétit qu'en ce secteur. Quand nous rentrions de la corvée de nuit, affamés, avant tout repos, nous prenions un copieux casse-croûte.

Je passai d'agréables moments dans notre casemate.

Construite ainsi que les voisines, au revers du talus du ravin de la Caillette, elle était bien défilée des obus qui, passant sur nos têtes, allaient s'écraser dans le fond du vallon.

Un pilonnage insensé avait retourné tout ce coin.

Dans ce lieu qui était une forêt, aucune trace de bois n'était plus apparente. Fauchés, émiettés, réduits en mille pièces, les débris des arbres faisaient corps avec la terre avoisinante.

Les souches elles-mêmes avaient disparu ; les gros obus, fouillant en profondeur, avaient extirpé jusqu'aux moindres racines.

Dans notre cagna, un grand trou carré traversant la toiture servait de cheminée.

Jour et nuit, un joyeux feu de bûches réchauffait et asséchait la pièce.

Quelles bonnes heures furent passées au coin de ce foyer, à suivre les jeux de la flamme, et les silhouettes mobiles qu'elle traçait sur les murs.

Pour avoir le combustible, nous prospections le terrain environnant avec une pioche. Le bois n'y manquait pas; dans un inexprimable mélange, la terre, le fer, les pierres, et les débris des arbres se trouvaient réunis.

Nous n'avions qu'à glaner dans le tas ce qui pouvait brûler.

Comme allume-feu nous utilisions de la poudre à canon, que nous trouvions en abondance aux environs, en faisceaux de longs brins jaunes, qui brûlaient comme des allumettes.

Parfois, en contemplant la flamme et arrangeant les tisons, notre attention était attirée, par quelque morceau blanc qui ne voulait pas s'embraser.

C'était un os, ramassé par mégarde pour du bois.

****

Les corvées se faisaient désormais sans histoires.

C'est moi qui m'y perdis une nuit.

Nous avions porté les vivres à un abri avancé, ou je n'étais pas encore allé.

Ayant suivi à l'aller le fil d'Ariane, je discutais quelque question avec le capitaine, quand un bombardement agita ce rayon.

J'attendis un moment la fin de la rafale, et, quand je repartis, je me trouvai seul, tous mes hommes éclipsés.

Je repris le fil conducteur qui me dirigea quelque temps, puis je le perdis ; les éclats du bombardement précédent, l'avaient coupé en différents endroits.

Ne le retrouvant pas, je perdis le sentier, et me trouvai isolé dans le noir absolu, dans un terrain retourné et fangeux.

J'étais sur le versant nord de la vallée de Bezonvaux, il s'agissait de rejoindre le haut du versant opposé.

Je descendis donc, mais arrivé au fond, je me trouvai engagé dans un marécage de boue inconsistante.

La terre collant aux pieds, faisant de vains efforts

pour m'en dégager, je me sentis tout à coup enfoncer.

C'était l'enlisement, mais à quelle profondeur ?

Sans lutter davantage, je me jetai à plat ventre, et, rampant toujours dans la même direction, je finis par franchir le dangereux passage.

Depuis là, ma boussole lumineuse à la main, je fonçai tout droit dans la direction qui devait me ramener chez moi.

Quelles culbutes et quels sauts je fis dans ce parcours ; arrivant devant une tranchée, je croyais mettre le pied sur la terre ferme, et il tombait dans le vide, le corps entier suivant au fond du trou.

Je remontais le parapet, et je repartais, ma seule préoccupation étant de ne pas perdre la boussole.

Enfin, après quatre heures de ce vagabondage très spécial, je connus les abords du fort de Douaumont.

Je n'étais pas arrivé, mais je savais où j'étais, et finis par rentrer au bercail à l'aurore. Dans quel état, on ne le demande pas : les vêtements déchirés, le casque perdu, diverses égratignures, j'étais un bloc de boue.

Nous quittâmes sans regret ce secteur agité, pour jouir en paix d'un repos mérité.

XI

Notre première pose fut dans un petit bourg meusien, où nous arrivâmes pour fêter Noël, et assister à la messe de minuit.

Notre arrivée fut illustrée, si l'on peut dire, par une nouvelle histoire du satané Lambert.

(Connaissez-vous Lambert ?...)

Les gens à cheveux blancs, ou même grisonnants, se souviennent sans doute de cette scie célèbre, qui faisait fureur il y a quarante ans.

Etait-ce du mien qu'il s'agissait en cette question ? Vu son âge je ne le crois pas, mais il n'eût pas démérité cet honneur.

Clairon au 152 dans le militaire, infirmier vétérinaire dans le civil, buveur, ronchonneur, moqueur, bribeur, menteur :

« c'était, au demeurant, le meilleur fils du monde ! »

Il faisait partie de cette phalange des mutinés du 152, venus chez nous tout au début, avec cinq ans de travaux publics et suspension de peine.

Ses incartades renouvelées nous le conservaient à perpétuité.

Il n'était pas méchant garçon au fond, et ne rechignait pas aux corvées.

Or, ce 24 décembre 1917, respectueux des traditions, il avait projeté de manger un canard pour célébrer le réveillon.

Sans orgueil pour ses palmes (très peu académiques), le volatile honoré de sa touchante sympathie, passait nonchalamment dans la cour, berçant sa douce quiétude dans un gracieux déhanchement, quand notre homme laissa traîtreusement tomber sur sa tête, la planche d'une voiture qu'il aidait à charger.

Nous avons vu par la suite, dans les journaux d'après-guerre, qu'un député, pour avoir tué un homme et s'être sauvé, ayant perdu de ce fait sa place au parlement, avait obtenu en compensation un bureau de tabac.

Un bureau de tabac pour un homicide par imprudence !

Canardicide par imprudence, qu'eût mérité en proportion Lambert ? à tout le moins une place de percepteur !

Le malheur voulut qu'au lieu de se sauver, ainsi qu'a fait sagement le député, notre homme s'empressât auprès de son innocente victime, pour lui procurer les soins que justifiait son état : cela s'entend, naturellement, lui tordre proprement le col, et la dissimuler sous sa capote.

Plumage et fricotage n'eussent plus été qu'un jeu.

Mais il y a loin du canard aux lèvres !...

La propriétaire se plaignit du larcin, et l'enquête fit rapidement découvrir le coupable. Pour des gens qui viennent d'affronter la mort, ce n'était pas, au fond, un bien grave forfait.

Un canard après tout n'est jamais qu'un canard, l'affaire eût pu être étouffée.

Mais... il y a un grave mais...

Le matin même, gouailleur incorrigible, Lambert avait accueilli l'entrée de l'adjudant dans leur cantonnement, par le sifflotage de la sonnerie réglementaire « A l'adjudant de quartier » dont l'accompagnement parlé, connu de tous les hommes, est une plaisanterie grasse sur l'adjudant, et sa moustache em...brennée.

L'adjudant, furieux, jura de se venger.

L'occasion ne s'en fit pas attendre ; il la saisit au vol, et, chef de la section en l'absence du lieutenant parti en permission, il instruisit immédiatement contre Lambert, une poursuite en conseil de guerre.

Les six mois de notre subsistance au 152 étant révolus, nous fûmes passés en compte au 133e régiment d'infanterie.

Nous étions à une quinzaine de kilomètres de Bar-le-Duc ; j'entrepris d'aller saluer mes anciennes hôtesses de Verdun, qui y étaient réfugiées.

Elles se dirent heureuses de me revoir, je ne l'étais pas moins, et renouvelai plusieurs fois ma visite.

A revoir le passé par des yeux assagis, je comprends plus malaisément maintenant, comment je faisais alors quinze kilomètres de marche à l'aller, et autant au retour, pour une visite de courtoisie envers des étrangères.

Un soir, invité à partager leur repas, la veillée se prolongea, et je repartis à minuit, dans la neige qui avait tombé toute la journée.

Cette neige me trompa, je dépassai encore mon village, et ne le retrouvai qu'au son de l'horloge de l'église, sonnant cinq heures du matin.

Mais, bah ! il y avait tant de cordialité dans cette charmante et si intéressante famille, et des yeux noirs si brillants, une fine bouche aux lèvres si rieuses, un petit nez mutin attirant comme un aimant, toutes ces richesses, comme eût dit Cornélie, ne valaient-elles pas d'arpenter trente kilomètres, les pieds sur le chemin et l'esprit dans la lune ?

Nous embarquâmes pour aller jusqu'à Blainville.

A vrai dire, nous n'avons pas emprunté les grands express, pour faire ce trajet de cent vingt kilomètres qui dura trente-six heures.

Nous n'usions pas non plus des Pulmann-Cars.

Nous passâmes un jour et deux nuits, entassés une centaine dans deux wagons à bestiaux.

C'était d'ailleurs un bien que d'être aussi serrés.

Il faisait un froid terrible ; la respiration s'élevant en buée, gelait au contact du toit, et avait formé une féérique tapisserie de stalactites.

Munis d'une abondante litière, tassés comme des

harengs, nous nous tenions chaud mutuellement et n'eûmes pas à souffrir.

Cette lenteur de notre voyage, eut pour cause en partie ce froid excessif, qui avait collé les fils des signaux, et empêchait la marche régulière des trains.

Notre convoi en fut même victime d'un accident, qui, malheureusement, causa la mort de six hommes.

Débarqués à Blainville, nous fûmes dirigés sur Vigneulles où était un camp de baraques Adrian.

La première nuit que j'y passai m'a laissé un souvenir très réfrigérant.

Sans paille, allongé sur le lit de camp en bois, près de cloisons aux minces planches disjointes, il me fut impossible de dormir de la nuit.

Le lendemain, j'achetai deux bottes de paille à un paysan, et les nuits suivantes furent meilleures.

Pendant ce temps, les hommes logés à la même enseigne, s'étaient mis en quête dès le matin pour trouver un fourneau.

Ils l'avaient chapardé dans une baraque vide, et emporté avec ses tuyaux.

Mais le gardien du camp fut s'en plaindre au colonel, qui accourut faisant un beau raffut :

— Le sergent !... où est le sergent de service qui ne surveille pas plus ses hommes ?

On eut encore chaud ce jour-là, mais tout finit par s'arranger, et les hommes eurent leur fourneau.

Pendant ce repos qui dura plusieurs semaines, la section faisait les corvées de nettoyage du camp et du village, et l'après-midi un peu d'exercice.

Quand j'étais de service, n'ayant aucun goût pour les maniements d'armes et autres gymnastiques, j'emmenais toute la bande dans une prétendue marche militaire.

Une fois hors de la vue des yeux indiscrets, on faisait une petite promenade de santé dans la campagne, et je revenais quand le temps de sortie paraissait convenable.

Somme toute, ce n'était pas dur pour les disciplinaires, mais toujours subsistait cette diable de consigne.

Ils étaient plus surveillés, l'installation s'y prêtant d'ailleurs, et ne pouvaient faire la contrebande du vin.

On les serrait davantage qu'au front, parce que, sitôt pris de boisson, ils auraient fait du scandale.

La privation de vin était même devenue une forme de punition.

Certain jour, un sergent arrivant le matin, faisait l'appel suivant l'usage habituel.

Un homme ayant fait la sourde oreille en feignant de dormir, le sergent le priva de vin pour la journée.

C'était un puni, attendant le conseil de guerre qui l'allait juger dans quelques jours. C'est dire qu'il se moquait d'un peu plus, ou un peu moins de prison.

Il prit prétexte de la punition infligée, pour refuser d'aller à la corvée.

Le sergent se fâcha, tempêta, envoya chercher l'adjudant, rien n'y fit.

— Attendez que le lieutenant rentre, disait l'adjudant, et vous verrez cela !

Tout cet esclandre faisait la joie de la galerie, et mon homme prenant du prestige sur ses copains, jouissait pleinement de son triomphe.

J'étais écœuré quand j'appris cette sotte histoire, en rentrant le soir d'une promenade.

Précisément, j'étais à mon tour, de service le lendemain, et en allant relever le collègue, je ne lui cachai pas mon sentiment :

— Si tu n'es pas capable de te faire obéir en plein jour, ce n'est pas la peine de rester ici : retourne à ta compagnie.

— Eh ! je voudrais t'y voir... je ne voulais pas me colleter avec cet homme !

— Moi aussi je voudrais m'y voir...

Cela ne tarda pas ; la comédie bien réussie la veille allait recommencer.

A l'appel de son nom, le même homme ne répondit pas ; je m'approchai et l'appelai trois fois à haute voix.

A chaque coup, un ronflement plus sonore répondait, et toute la chambrée soulevée, suivait attentivement le manège, prête à marquer les points.

Les pieds étaient entourés de sa capote, serrée dans une courroie pour lui tenir plus chaud.

Prenant d'une main cette courroie, d'un grand coup, j'amenai mon lascar au milieu de l'allée, en contre-bas du lit de camp.

D'un floc sourd, la tête résonna sur la terre.

— Vous êtes très dur à réveiller, lui dis-je, mais on prend les moyens utiles.

La main au pistolet, je surveillais la réaction possible.

— Et pour vous apprendre à répondre, vous serez privé de vin aujourd'hui.

Il se rassit tout grommelant, mais interloqué, en se frottant la tête, car il n'avait pas prévu cette partie de programme, dans le scénario de la comédie.

Déjà les rieurs changeaient de bord, intrigués de la suite.

Au départ pour la corvée, il ne bougea pas.

— Vous me punissez injustement... j'avais pas entendu... rendez-moi mon vin et j'irai travailler...

J'envoyai tout le monde dehors, et fis évacuer la salle même par les caporaux. Seul à seul, il n'avait plus de raison pour crâner et je lui dis :

— Vous refusez d'aller au travail...

— Parfaitement.

— Eh bien, mon garçon, rappelez-vous l'ordre du colonel, je vous donne cinq minutes pour vous préparer à la mort.

Montre en main, et armant ostensiblement mon pistolet, je fis les cent pas dans le baraquement.

Il me regarda de travers, étonné de ce langage nouveau, puis jugeant sans doute que ce n'était pas pour rire, il prit ses outils et se rendit au travail.

Ces essais d'indiscipline furent encore matés de ce coup, et ne récidivèrent pas, mais ce fut le sergent qui trinqua.

Le lieutenant le renvoya avec la mention habituelle « Fatigué ; a besoin de repos à sa compagnie. »

A part ces très menus incidents, nous coulâmes des jours gais dans ce cantonnement.

Couchés un peu partout, nous nous réunissions le jour dans un petit café où servait une Madelon délicieuse.

Madeleine, car tel était bien justement son nom, la fille de la maison, était la coqueluche de toute la garnison.

Mais ses préférences et les égards, étaient réservés aux gradés de la S D ; nous faisions beaucoup de jaloux.

A la place d'honneur, flottait le fanion aux armes de la section, fait par notre fourrier : « De sable, à la tête de mort d'argent, flanquée aux quatre z'angles, de huit tibias de même, posés en sautoir. »

Lepage avait fait venir son violon ; le fourrier avait une mandoline ; ça buvait, ça jouait, ça chantait, ça musiquait depuis la matinée jusqu'à une heure avancée de la nuit.

Perrin était directeur des chants ; il fallait le voir avec son sourire heureux, quand un lointain grondement de canon faisait tressaillir les femmes.

— Oh ! c'est rien de ça !... c'est là-haut qu'il fallait entendre les zinzins !... zzz... zzz... zzz... quelle musique charmante c'était pour nos oreilles !!!...

Madeleine, émerveillée, ouvrait de grands yeux.

— Mon Dieu ! peut-on être aussi brave ?...

— Ah bast ! disait-il, on en a vu bien d'autres !!...

Ce Marius, pas moinsse !... quel homme !... quel as !... quels biceps !...

***

Ce temps de repos, fut marqué pour nous, par de fréquentes convocations, aux séances du conseil de guerre siégeant à Rosières-aux-Salines.

Tous nos déserteurs avaient été retrouvés, sauf un, dont nous n'eûmes jamais plus de nouvelles.

C'est donc vingt-deux affaires, dans lesquelles j'étais appelé comme témoin, avec Formet et notre lieutenant.

Le ministère public, était occupé par un capitaine bon papa, qui s'en remettait pour tout à la sagesse du tribunal.

L'avocat était un soldat de deuxième classe, qui remplissait son rôle en homme désabusé.

Etait-il gradué en droit ? je ne le sais, mais il me faisait rire avec ses manches trouées, et du foin plein le dos, qu'il n'avait pas brossé pour venir aux séances.

Généralement, il plaidait l'irresponsabilité :

— Voyez cet homme prostré, c'est un minus habens...

Les juges, accoutumés, écoutaient par devoir, mais n'en retenaient guère.

Dans nos affaires, ils dosaient les condamnations, d'après nos témoignages de moralité sur chaque individu.

Les apaches, les voyous, qui avaient été les entraîneurs, écopaient dur, jusqu'à dix années de travaux publics, d'autres moins.

Nous nous en étions aperçus, et un coup, étant

derrière la porte attendant notre appel, nous convînmes avec le lieutenant, d'en faire l'expérience plus précise, en repêchant l'inculpé suivant, moins cancre que les autres.

Pour lui, je me fis avocat plutôt qu'accusateur; cet homme, un peu faible d'esprit, s'était laissé entraîner... le fond n'était pas mauvais, et nous le reprendrions volontiers.

On nous le renvoya, et deux mois plus tard, s'étant bien comporté, il réintégrait sa compagnie.

Je vis condamner à mort, pour des refus d'obéissance, plusieurs soldats des autres unités.

Aucun d'entre eux d'ailleurs ne subit sa peine ; je n'ai pas entendu dire, qu'aucun condamné ait été fusillé à notre division, dans cette seconde partie de la guerre, depuis que j'y étais arrivé.

Aux travaux publics même, les condamnés punis pour un affolement qu'ils regrettaient ensuite, étaient facilement l'objet de mesures de grâce.

On tendait volontiers la perche, aux hommes de bonne volonté qui, manifestant un sincère repentir de leurs fautes, voulaient les racheter en faisant désormais bravement leur devoir.

Nous en reçûmes ainsi un certain nombre, dont certains hypocrites malheureusement, qui tentaient cette manœuvre pour se faire par la suite embusquer aisément. Plusieurs réussirent.

En réalité, il ne restait donc à ces bagnes que les vrais détritus, la crapule qui se trouvait bien là, et ne demandait pas à revenir au front.

A ce sujet, le colonel Kiffer, commandant du 133ᵉ, me demanda au cours d'une séance :

— Vous qui avez vécu auprès de ces gens-là, pourriez-vous nous renseigner sur le mobile qui les a poussés à déserter ?

— Mon colonel, l'explication en est vieille comme le monde, car elle tient en entier, dans ce simple verset des Proverbes de la Bible des Juifs :

« Un chien vivant vaut mieux qu'un lion mort. »

« Ces hommes sans honneur, faisant le sacrifice
« de leurs permissions, préfèrent finir la guerre
« au bagne, où ils sont assurés de conserver leur
« peau.
« Ils se moquent du nombre d'années de peine
« qui leur sont octroyées, assurés qu'à la paix, une
« bonne loi d'amnistie les renverra dans leurs
« foyers, tête haute, narguant les bons soldats et les
« mutilés.
« En pleine période de défaitisme, des saligauds
« n'ont-ils pas eu déjà la cynique et monstrueuse
« audace de proposer cette amnistie, pour contaminer
« davantage si possible l'armée, et encourager les
« futures défections ?
« Le sursaut de dégoût eût été trop violent, et
« l'essai échoua.
« Mais c'est partie remise ; aussitôt le péril passé,
« une majorité de ces honteux flagorneurs de la démo-
« cratie, qui chassent les bons Français et n'ont de

« sympathies que pour les vauriens, se trouvera
« bientôt pour renvoyer aux urnes ces résidus, dans
« lesquels ils ne verront que de bons électeurs pour
« leurs partis.

« On pourrait user de clémence, accorder des
« grâces, des suspensions de peine, ce n'est pas cela
« qu'il faut à ces braves députés.

« Vespasien disait : « l'argent n'a pas d'odeur » ; les
« voix des électeurs en ont encore bien moins !...

« Aussi, pour en piper un plus grand nombre, les
« traîtres, les espions, les déserteurs et les autres
« crapules, par l'amnistie entière, recouvreront tous
« leurs droits politiques.

« Et l'on connaîtra le plus cinglant outrage qui puisse
« être infligé à la mémoire des morts, la plus infecte
« injure, le plus odieux soufflet porté à la face des
« braves survivants : des traîtres, électeurs, éligibles,
« et élus, pérorer à la Chambre et nous dicter des
« lois !...

« Les bons serviteurs de la France bafoués, Clé-
« menceau méprisé, les Caillaux et les Malvy rele-
« vant la tête, plus arrogants que par le passé, repren-
« dront le haut du pavé.

« Généraux, officiers et soldats, en service com-
« mandé, la rage au cœur, la honte au front, présen-
« teront les armes devant la loque rouge !...

— Oh ! dit le colonel... vous êtes pessimiste !
serait-il possible que ces saletés puissent être tolé-
rées ?...

— Mon colonel, soyez-en persuadé. Sitôt la paix
signée, l'année n'aura pas terminé sa carrière, que,
lâchés à la rue par leurs chers amis députés, les
chiens vivants cracheront sur la dépouille des lions
morts !

XIII

On nous envoya ensuite dans la forêt de Parroy.

Ce fut un secteur de tout repos, où nos hommes firent du terrassement.

Prenant vers cette époque ma permission de détente, j'eus la bonne surprise de rencontrer en gare d'Aille-villers, mon ami Emilien en tenue de campagne.

Eh ! eh ! pensais-je, ceci n'est plus l'uniforme de cérémonie du chef des G V C ; serait-il à présent dans une arme combattante ?

Le premier coup d'œil m'avait au surplus rensei-gné, sur le mystère qui planait sur son grade : les galons étaient bien à quarante-cinq degrés.

En prenant un café, il m'expliqua l'affaire.

Il revenait à ce moment de Lyon, où il était allé suivre un cours de chefs de sections, pépinière impor-tante de nos officiers.

Son allant remarquable, une allure militaire presti-gieuse, l'esprit vif et l'intelligence cultivée, une con-naissance approfondie de tous les règlements mili-taires et administratifs, lui avaient valu l'honneur d'être reçu premier de toute la promotion, avec félicitations du général directeur des cours.

. Celui-ci charmé, lui offrit immédiatement de l'attacher à sa personne comme officier d'état-major.

Mais il repartait prendre un commandement sur le front, et... ainsi qu'il est prescrit aux nouvelles mariées... l'officier d'ordonnance doit suivre partout son général.

Emilien déclina cet honneur : guerrier intrépide, il ne s'en sentait pas pour la bagarre !!...

Tout disposé à accepter les galons et les devoirs d'officier des G V C, il ne croyait pas être en droit, d'aller volontairement à un poste exposé.

— Pensez, mon Général, je puis y risquer la mort ! Ce serait donc une forme à peine atténuée du suicide ! La morale, autant que ma conscience, m'interdisent ce crime.

— Vous avez bien raison, mon cher Emilien, répondis-je en riant. Musset a dit : « Aimer est un peu de folie !...» se dévouer aussi est un peu de folie !... L'héroïsme et l'amour ne vont jamais de pair avec la sagesse.

Mais il n'est pas toujours amusant d'être un aigle !

Vous êtes en proie à des combats intérieurs, et à des crises de conscience bien désagréables.

Pour moi, à qui jamais oncques n'offrit de galons, très satisfait déjà d'avoir gardé les miens, je vis tout simplement heureux, ignorant les angoisses qui troublent votre esprit... beati pauperes spiritu !!...

*
* *

Notre petit repos se passait à Crion, à une douzaine de kilomètres de Lunéville.

Pendant cette semaine de liberté j'allais souvent en ville, où j'avais eu la joie de retrouver mon infirmière, directrice de l'Hôpital installé au lycée.

Ces promenades irrégulières me causèrent un jour une chaude alerte.

Un caporal rencontré à l'aller, m'avait mis sur mes gardes : de nombreuses patrouilles, composées d'un gendarme et d'un sous-off de cavalerie, circulaient dans les rues, pinçant les militaires sans permission.

Je continuais ma route, quand je vis s'avancer dans ma direction, un gendarme avec le margis en question : la patrouille !... je suis fait !...

Faisant un demi-tour en règle, je me mis à fuir crânement le danger.

Un coup d'œil furtif aux glaces des devantures, me renseignait sur la tactique des poursuivants.

Je pressais le pas, eux encore davantage.

Je n'osais pas courir, et ils gagnaient du terrain.

Au coin d'une petite rue, où leur déambulage normal ne les eût pas conduits, je me jetai de côté, espérant qu'ils passeraient outre.

Hélas ! ils s'acharnaient à ma poursuite, et je m'apprêtais à prendre un air innocent, quand ils m'appréhenderaient, lorsqu'une main rude tombant sur mon épaule me cloua sur la place.

— Eh ! mais que diantre, où courez-vous comme ça ?

C'était un proche voisin, mon ami Harlet, gendarme de ma localité, qui m'avait reconnu et courait après moi.

Ouf ! je m'épongeai le front.

La rencontre fut naturellement arrosée avec quelques amis. « Je croyais, leur disais-je, que les cafés étaient fermés le jour. »

— Tiens, pardi, pour les autres, mais pas pour nous, sans doute !...

Je revins plusieurs fois voir mon camarade, désormais bien tranquille, puisque j'avais des intelligences à la prévôté.

Au surplus, nous nous évitâmes pour l'avenir ces petits embarras, en nous faisant confectionner un timbre de caoutchouc au nom de la S D.

Grâce à ce tampon mis au coin d'un papier, nous faisions nous-mêmes nos laisser-passer, et nous ne fûmes plus jamais inquiétés.

*   *

C'est au cours de l'une de ces promenades, que j'assistai à un curieux spectacle.

Aux portes de la ville se trouvait un camp d'ânes, vaillantes petites bêtes, chargées aux avant-postes du ravitaillement.

Passant auprès de leur enclos, mon attention fut attirée par le manège de l'un d'eux, qui jouait des farces à tous ses compagnons.

Il en repérait un, occupé à brouter une herbe succulente, approchait en tapinois de l'air le plus innocent du monde, et, louvoyant savamment et hypocritement, il se plaçait juste devant le camarade.

Quand il était au bon emplacement, d'une leste ruade, il envoyait ses petits sabots sur le nez du mystifié et se défilait en vitesse.

La victime, interloquée, relevait la tête avec tous les signes de la stupéfaction et du mécontentement, cherchant d'où lui venait le coup.

Sa surprise faisait la grande joie du sournois qui, à bonne distance, secouait malicieusement les oreilles, avec dans les yeux la plus vive expression d'une intense gaîté.

Puis, il avisait une autre victime et recommençait son manège.

Je restai près d'une heure, assistant gratuit de cette comédie, riant comme l'autre âne du malheur d'autrui.

Je m'amusai aussi à Crion à apprivoiser un cheval.

Dans un groupe d'artillerie se trouvait un joli cheval arabe, à la grande queue tombante, appartenant au commandant.

Tout blanc, il était très doux, mais ne voulait être touché que par son maître ou par son ordonnance.

Au moindre attouchement d'une main étrangère, il frémissait, tremblait de tous ses membres et s'écartait vivement.

Telle une âme virginale qui croit être souillée au plus petit contact, par un simple regard, tel mon

joli cheval paraissait craindre pour sa robe immacu-
lée la plus légère atteinte.

Les hommes qui le savaient ne s'en approchaient
pas, mais quand le temps venait de le ferrer, c'était
toute une affaire.

Il fallait pourtant bien le toucher pour cela.

L'ordonnance alors, attachant à la bride une corde
de six mètres, faisait tourner en rond la bonne bête,
lui faisant répéter maints tours de haute école.

Des volte-face à droite, des agenouillements, le
galop, et le trot savamment cadencé, tout le répertoire des chevaux des cirques y passait longuement.

Le moniteur n'ayant pas de fouet, le cheval obéis-
sait à la parole et au moindre geste, sans un arrêt,
sans un repos.

Harassé de fatigue, la sueur tombait de ses poils
à grosses gouttes, et tout son corps, bientôt, était
recouvert d'une belle écume blanche.

Vaincu, hors de souffle, il s'arrêtait enfin, tout
tremblant sur ses pattes, incapable à cette heure de la
moindre résistance.

Le maréchal et son aide se précipitaient vivement,
saisissaient un pied, rognaient, tranchaient, paraient,
prenaient mesure du fer.

Il fallait faire vite, car aussitôt le souffle revenu
c'était fini. Le cheval se dressant sur ses pattes de
derrière, restait ainsi, faisant le beau, évitant avec
soin de blesser personne.

Quelques instants après, le cirque recommençait,
et, alternant ainsi la haute école et le travail, le fer-
rage demandait quatre heures.

Admirant la bonne bête je voulus gagner son amitié.

Je vins fréquemment dans son voisinage, pour qu'il s'habituât à ma personne, et adoptai ensuite la tactique des séducteurs, qui veulent gagner le cœur des demoiselles rebelles.

Je fis semblant de m'en désintéresser complètement.

Approchant de plus en plus, je passais bientôt par devant, très près de lui, mais sans le regarder, et ne provoquais plus aucune réaction.

Je pris ensuite une belle touffe d'herbe, que je tins dans mes mains par derrière le dos, et je vins me placer devant lui en regardant ailleurs.

Ne se croyant pas vu, furtivement, le joli cheval allongea la langue, et brouta quelques brins de l'herbe tentatrice.

Je l'habituai ainsi à manger tout ce que j'apportais. Bientôt il accepta du sucre.

Alors, petit à petit je retournai la tête, et j'eus le plaisir de constater, que les yeux dans les yeux, mes hommages et mes présents ne déplaisaient plus à la belle coquette.

A la surprise de tous les hommes du groupe, nous faisions désormais la meilleure paire d'amis.

Je caressais la bonne bête, qui secouait la tête et me saluait de joyeux hennissements, sitôt que j'approchais.

J'étais fier de cette conquête qui m'avait pris huit jours, mais qu'était cela, à côté d'autres entreprises, plus longues et sans succès.

***

Déambulant dans les rues de Lunéville, je rencontrai l'avocat du conseil de guerre, l'air préoccupé.

— Qu'avez-vous donc ? des ennuis personnels ?

— Oui, à force de faire semblant de prendre intérêt aux clients, on finit par être pris au jeu, et parfois je partage réellement leurs ennuis.

— Cela veut dire aujourd'hui ?...

— C'est cette stupide affaire Lambert ; je le connais pour l'avoir défendu à son premier procès.

Il a une femme, deux enfants, ce n'est pas un mauvais bougre, mais la loi est inexorable.

Je ne vois aucune porte de sortie, pour lui éviter cette fois dix ans de travaux publics, cinq nouveaux s'ajoutant aux cinq suspendus...

J'opinai dans son sens, et dis que j'en avais eu satisfaction au secteur de Verdun.

— Mais pourriez-vous le dire au conseil de guerre, comme témoin à décharge ?...

— Mais bien certainement, avec un grand plaisir.

Ainsi fut convenu, et au jour dit, je m'acheminai vers Lunéville, témoin à décharge, en compagnie du lieutenant, d'un sergent, et un caporal, témoins à charge.

Qui vaincrait dans ce tournoi entre le châtiment et la miséricorde ?

Je trouvai à la porte du palais de justice, le capitaine, procureur de la République, qui m'accueillit avec des démonstrations de joie.

— Eh bien mon ami, vous avez fait donner tant d'années de prison, que je vous verrais cette fois **avec** plaisir sauver votre protégé.

Un colonel d'artillerie présidait la séance.

— Quelle couleur avait le canard ?

— Nous n'avons pas observé ce détail.

— C'est une grave négligence, car s'il eût été blanc, vous auriez vérifié les traces de sang.

Le débat planait sur les hauteurs !!...

Quand vint mon tour il demanda :

— Que savez-vous de cette histoire de canard ?

— Moi ! rien du tout, et je ne m'occupe pas de cette misère...

— Alors que faites-vous ici ?

— Mon colonel, j'admets que la faute existe, mais ne donnant à cette sotte affaire de chapardage, que la mince importance qu'elle mérite, je viens solliciter votre indulgence pour un homme qui en est digne.

Lambert n'est pas le mauvais soldat que laisse supposer son casier judiciaire. Mauvaise tête mais bon cœur ; indiscipliné au repos, il se révèle courageux et plein d'entrain à l'avant.

C'est avec les saillies et les lazzi qui le font punir à l'arrière, qu'il réconforte et entraîne ses camarades dans **le danger.**

Son service dans le séjour difficile de Verdun, a été satisfaisant.

N'est-ce pas lui qui a ramené au poste de secours son sergent commotionné ? Moi-même j'ai dû le secourir, lorsque, aveuglé de terre par un éclatement, il ne pouvait plus reprendre son chemin.

Messieurs, quand on a bourlingué ensemble des semaines, dans la boue des marais de Bezonvaux, quand on s'est épaulé et secouru mutuellement, pour s'arracher de la glaise enlisante, on ne peut manquer de se conserver une mutuelle sympathie, que ne peut ébrécher une histoire de canard.

J'obtiendrai tout ce que je voudrai de Lambert en face du danger.

Vous ne pourriez sans une révolte de votre conscience, envoyer cet homme dans une longue réclusion, pour une futilité, jeter dans le désespoir et la misère, une épouse innocente et deux pauvres enfants, et priver la France qui en a tant besoin, d'un de ses bons soldats.

Messieurs, pour la France, pour la victoire, pour une femme et deux petits enfants, pour moi-même, j'implore votre pitié en faveur d'un brave que j'estime, et à qui je m'honore de serrer publiquement la main.

Le ministère public opina dans mon sens, et demanda également, en son nom et au nom de la France, l'indulgence du tribunal.

La parole fut donnée à l'avocat.

— Ma plaidoirie est faite ; je m'en voudrais d'ajouter un seul mot aux paroles du témoin.

Le vol était flagrant, les textes de lois précis. L'arrêt eût du être prononcé: cinq ans de travaux publics.

Mais par une exception unique, imprévue cette fois dans la loi, une nouvelle demande de sursis pour cette deuxième condamnation, fut faite auprès du général, pétition signée de tous les juges et du capitaine rapporteur.

Ainsi fut accordé, et la section de discipline récupéra le célèbre Lambert.

*
* *

A notre descente de la forêt de Parroy, nous passâmes de nouveau quelque temps à Vigneulles.

Ce fut ensuite l'embarquement, mais contre l'ordinaire, on nous fit abandonner nos effets et petites affaires personnelles qui, mis ensemble dans des sacs, devaient soi-disant nous être remis ultérieurement.

On ne les revit pas naturellement, mais chose plus curieuse, on nous les paya huit mois après, sur états fournis par les intéressés. Mes collègues récupérèrent ainsi la valeur de leurs instruments de musique, des effets de fantaisie.

Quelque chose de nouveau mijotait dans l'air.

Ce nouveau, nous devions le savoir plus tard, était l'avance allemande de 1918.

Indécis de l'endroit où elle se produirait, en toute éventualité, l'état-major rassemblait les troupes, les concentrant vers un point central, d'où elles puissent joindre vite la zone menacée.

C'est ainsi qu'à petites journées, nous changeâmes de contrée ; contournant Paris sans nous y arrêter, nous fûmes conduits en Normandie.

Nous allions de village en village, sans fixer sérieusement notre tente, jusque quand l'événement attendu arriva.

XIV

Sur le front de l'Aisne enfoncé, toute l'armée allait entrer dans la mêlée.

Nous étions, quand vint l'ordre d'embarquement, à cinq kilomètres de la gare désignée.

Nous partîmes vers midi, après avoir illustré la matinée de copieuses libations.

Arrivés le soir avant l'heure fixée, nous arrêtâmes à quelque distance de la gare, confiant aux caporaux la surveillance des hommes.

Puis, nous mettant en quête de manger, nous entrâmes dans une maison, où l'on nous prépara une large omelette.

Pendant les préparatifs du festin, quelqu'un s'était mis à la recherche de vin, et en ramena bientôt un seau de quinze litres.

Le seau, mis sur la table, les quarts étaient emplis avec une louche, et le règlement rapidement convenu fut d'assécher le vase avant notre départ.

A ce jeu, le lieutenant déjà bien commencé, se trouva vite pris.

On chantait, on portait des toasts à la victoire.

L'officier bientôt mena la sarabande ; accroché à son ceinturon lâche, son casque par derrière pendait sur son séant, lui donnant une allure au plus haut point comique.

— C'est moi le chef de la bande joyeuse !... tra la la la !... tra la la la !... et il prenait les femmes par la taille, les entraînant en trébuchant, dans une ronde autour de la table.

Son ordonnance le tirait par la manche :

— Allons-nous en, mon lieutenant... vous avez assez bu...

— Veux-tu te taire, gamin ! ...il s'obstine !... voyez-vous ce morveux, qui voudrait enseigner à son père où l'on trouve les enfants !... C'est toujours la même chose !...

Lorsque le seau fut vide, on s'achemina vers la gare, sergent Lepage en tête conduisant la colonne, cependant qu'à l'arrière suivait le lieutenant, soutenu par des bras vigoureux.

Pour désigner notre place, un officier s'approcha, et se présentant : « Lieutenant X », dit-il.

— Lieutenant Lepage... répondit aussitôt notre ami avec un sérieux sans pareil.

Et nous fîmes embarquer la section.

Mais le lieutenant ne voulait pas partir, sans aller présenter ses respects au commandant qui venait d'arriver.

En titubant, le casque balançant dans les jambes, il se présenta devant les officiers.

Pour se tenir d'aplomb, il s'appuyait sur son épée

piquée en avant, les jambes écartées comme sur un trépied.

Les officiers qui nous connaissaient bien s'en amusèrent, et ils nous soupçonnèrent très probablement, d'être les artisans responsables de cette plaisanterie de haulte graisse.

*
* *

On nous fit débarquer à Neuilly-Saint-Front.

En sortant de la gare, nous dûmes jeter nos sacs, et tout leur contenu, pour être plus agiles dans les marches en vue.

Portés en avant, nous eûmes le spectacle pénible de la fuite des civils devant l'invasion.

Sur la route, s'égrenait une triste théorie de vieillards, de femmes et d'enfants, les uns chassant des bêtes, d'autres poussant la petite voiture où pleuraient des bébés.

Après avoir campé la nuit dans une ferme vide, nous suivîmes au matin, le mouvement de retraite du régiment.

Je n'ai rien compris à la manœuvre que je ne veux pas essayer de décrire; je constatai seulement quelques jours plus tard, que l'Etat-Major nous arrêtait en haut d'une colline, sur une position plus facile à tenir, et l'on n'en bougea plus.

Pendant trois journées nous reculâmes petit à petit, sans que j'eusse aperçu le nez d'un Allemand.

Il se faisait un échange permanent de petits et de

moyens obus, et à distance des mitrailleuses crépitaient, mais comme un figurant de théâtre ébloui par les feux de la rampe, ne voit pas les spectateurs, je ne vis pas grand'chose à la bataille.

Je vis un moment un sergent, qui, huché sur une meule de paille, tiraillait sans arrêt.

Je grimpai derrière lui, pour voir moi-même sur qui il tirait.

Comme dans la fable « Le singe montrant la lanterne magique »,

« ...j'écarquillais les yeux et ne pouvais rien voir ! » j'avais sans doute oublié d'éclairer ma lanterne.

Je redescendis amusé, et comme je m'éloignais, j'entendais toujours mon brave franc-tireur homologuer ses victoires :

Pan... « Ah ! bon Dieu !... quelle culbute !... »

Pan... « Encore un qui ne verra plus sa Gretchen ! »

J'admirais ce philosophe qui me plaisait beaucoup.

Après tout, le plus beau et le meilleur dans les réalités de la vie, c'est encore l'illusion, la légende et le rêve.

Ce brave garçon, à un poste exposé, donnait à ses hommes le bon exemple du courage et de l'ardeur au combat. Il y gagna la médaille militaire.

Il est certain qu'à présent, il croit dur comme fer que c'est bien arrivé ; ses victimes ne s'en sont jamais mal portées ; tout est pour le mieux dans le meilleur des mondes.

***

Au soir du troisième jour, près du village de Hautevesne, le colonel chargea la section d'occuper un petit bois des environs.

Ce bois étant à une centaine de mètres, et en contrebas de la route, je fus chargé de rester en embuscade sur le chemin, pour observer l'approche de l'ennemi, et le signaler le cas échéant.

Je pris trois hommes avec moi, et nous attendîmes dans le fossé à l'angle d'un champ de blé.

Il était cinq heures du soir ; je restai là longtemps, ne voyant rien venir.

Peu à peu, les bruits de la bataille diminuèrent d'intensité, et finalement s'éteignirent complètement.

Je ne voyais et n'entendais plus rien, dans la campagne environnante. De leur bois, mes amis ne donnaient aucun signe de vie.

Mis en faction par ordre du lieutenant, je ne voulais pas la quitter sans son ordre, et restai là trois heures.

A la fin, je m'amusais à garnir de feuillages mon casque et celui des hommes, quand soudain, ayant presque oublié les Allemands, j'en vis déboucher une série, à l'autre bout de notre champ de blé.

S'ils ne viennent pas, tenons bon, et s'ils viennent, sauvons-nous !... ah ! ce ne fut pas long !...

Aussi bien, je n'étais pas là pour arrêter l'offensive allemande, mais seulement pour alerter mes compagnons.

Le chemin franchi d'un bond, nous dévalâmes, courant comme des lièvres suivis par des chasseurs, vers le bois, où à notre surprise nous ne vîmes personne.

Nous étions crûment laissés pour compte !!...

Tout le monde était parti, sans que personne s'occupât de nous en prévenir.

Je compris la raison du grand silence planant sur la campagne.

Le bois franchi, nous surplombions une vallée.

Aucun être vivant n'apparaissait toujours à l'horizon.

A cinquante mètres du bois, indécis de la route à prendre, je m'étais arrêté pour inspecter le pays, quand nous entendîmes du bruit dans un boqueteau voisin.

Je déléguai Lambert que j'avais pris avec moi, pour aller voir si c'étaient nos amis,

Comme il restait un peu de temps sous le taillis, je commençais à m'inquiéter, quand il reparut à l'orée, me faisant signe de venir.

Je demandai de loin ce qu'il avait trouvé, mais il ne répondait pas.

Mis un peu en défiance, je ne m'avançais pas, lorsque je distinguai dans le feuillage plusieurs casques allemands.

Mon sang ne fit qu'un tour ; je n'étais plus d'humeur à fuir en abandonnant mon compagnon, et voulais le reprendre ou partager son sort.

Les Fritz se montrèrent tout à fait, sans prendre une attitude belliqueuse, et de nouveau Lambert faisait signe de venir.

Je compris : ces gens-là, peu altérés de sang, préféraient que l'un ou l'autre groupe se rendît prisonnier.

Je n'étais pas plus sanguinaire, mais n'avais aucune intention de me laisser prendre vivant.

Entraînant mes deux hommes, l'arme au poing, je me précipitai, criant comme un putois :

— Rendez-vous !... bas les armes !...

Comme ils étaient les plus sages ils s'inclinèrent :

— Nein !... nein !... nix capout !...

— Alors jetez vos armes...

Et Lambert, joignant sa mimique à mes cris, leur montra d'avoir à jeter leurs fusils.

C'est ce qu'ils firent et je les rejoignis.

Je fis ramasser les fusils par mes hommes, et en route vivement, pour nous éloigner d'autres importuns qui pouvaient bien surgir.

Quand nous fûmes un peu à l'abri, assez loin pour ne plus rien craindre, je fis une pose pour inventorier ma prise.

J'avais une patrouille de quatre hommes, plus un feld-webel.

Ils jetèrent leurs sacs, que je vidai pour en retirer les choses intéressantes.

Ces hommes étaient équipés tout à neuf ; ils possédaient d'excellents vivres de réserve ; je trouvai les cartes complètes pour aller à Paris, copies avec légendes en allemand, de la carte de l'Etat-Major française.

Je m'appropriai de belles jumelles Zeiss, une large boussole lumineuse, et le pistolet automatique du sous-officier.

En route vers la gloire !

Nous descendîmes au fond de la vallée, vers le village de Gandelu aussi désert que le reste.

Trouvant à la fin un cavalier en sentinelle, je lui demandai où se trouvait le général, persuadé qu'il faisait partie de son escorte.

— Je ne sais pas... allez voir à cette ferme éloignée, on vous y renseignera.

Le général pour moi, était notre général de division, qui devait avoir intérêt à interroger nos prisonniers dans le plus court délai.

Je ne pensais pas qu'en cette circonstance, tout était embrouillé, les divisions mêlées, les généraux changés.

Nous allâmes à la ferme.

Tout le monde content de l'aventure, nous allions comme un groupe de très bons camarades.

Les Fritz satisfaits d'avoir fini la guerre, j'étais encore plus heureux, d'avoir mis cinq hommes hors de combat, sans faire souffrir personne.

Pendant le chemin, le feld-webel essayait de se faire comprendre par signes ; en riant il me touchait la poitrine, comme pour me dire :

— Bonne affaire, hein !... vous aurez la médaille!...

Quand nous rencontrions quelqu'un, je lui disais :

— Achtung feld-webel... ein... zwein... et il marquait le pas cadencé à sa troupe.

— ein... zwein... ein... zwein...

— Prenez-en de la graine, disais-je à mes bonshommes, essayez donc un peu de marcher aussi bien.

Nous fîmes une entrée triomphale à la ferme : les

derniers traînards de l'armée française, ramenant l'avant-garde de l'armée allemande.

Déception : ce n'étaient pas les gens de notre division, mais un fort parti de cavalerie.

On me donna un guide à cheval, qui nous fit redescendre au fond de la vallée, pour nous mener à leur général vers Brumetz.

C'était un général de cavalerie, qui s'inquiéta fort peu de nos prisonniers.

Au contraire, il nous en confia deux autres, nous chargeant de conduire le tout à Montigny, cinq kilomètres plus loin.

Toujours accompagnés du cavalier, nous repartîmes. La nuit était venue et nous commencions à sentir nos jambes ; l'estomac dans les talons, nous n'avions pas de vivres depuis plusieurs jours.

A Montigny, les officiers de l'état-major voulurent me renvoyer à Mareuil-sur-Ourcq, mais je ne marchai plus.

Un gendarme et le cavalier furent alors chargés de l'escorte, et après avoir obtenu un reçu des prisonniers, nous allâmes dormir dans une maison voisine abandonnée.

Le lendemain nous cherchâmes la S D mais ce fut difficile, et ce n'est que le soir que je parvins à trouver le colonel.

Je lui fis part de l'aventure, lui remis le reçu, et quelques papiers trouvés sur les Fritz, mais il ne put me dire où était la S D.

Le bataillon de son régiment qui l'avait en consigne, avait été prêté à une autre division, et il en était sans nouvelles.

— Cherchez vers Marigny ; il doit s'y trouver un général qui vous renseignera.

La nuit venait, nous couchâmes dans un grenier, dans un village répondant au nom pittoresque de Ecoute s'il pleut.

Le lendemain, je trouvai enfin l'état-major du général Michel, vers une heure du soir, dans un château ayant appartenu, nous dit-on, à la marquise de Pompadour : je n'ai pas vérifié.

Je fus bien accueilli et, après mon récit, un capitaine me demanda si j'avais mangé, puis m'emmena à son cuisinier, en lui recommandant de me traiter convenablement.

Dans la grande cuisine du château, je fis un dîner succulent. Le cuisinier plaça devant moi un poulet entier, bien doré dans son jus, et je n'en laissai guère.

Comme je lui demandais du pain, et la permission d'emporter à mes hommes les reliefs du festin, il me remplit un grand plat de campement de diverses victuailles.

Sancho Pança aux noces de Gamache ne fut pas mieux servi.

Ce fut la fête pour mes compagnons.

Tout cela ne me renseignait guère ; sans carte, sans précision, il fallait encore chercher.

En sortant du château, je rencontrai un cavalier, qui avait justement pour mission de ramasser les dispersés du bataillon et de les ramener.

Il nous servit de guide, et dans la soirée, je retrouvai enfin mes camarades perdus depuis deux jours. Ils me croyaient bien disparu, et ne furent pas peu surpris d'apprendre notre odyssée.

Du coup, les trois hommes ayant collaboré à la prise, étaient l'objet d'une proposition de citation, et, sans attendre son retour, ils furent incontinent renvoyés à leurs corps.

C'est Lambert qui exultait ; il était par la citation, complètement blanchi, délivré de l'épée de Damoclès suspendue sur sa tête.

Nos hommes faisaient à ce moment, l'approvisionnement en munitions, des tirailleurs et mitrailleurs en ligne à côté du Bois Belleau.

Après une dernière nuit passée à cet endroit, nous fûmes relevés par des Américains, et partîmes au repos.

En deux étapes, nous atteignîmes le village de Croutte sur le bord de la Marne.

Nous avions jeté nos sacs ; je ne possédais plus que mon pantalon, la capote sur une chemise, et les souliers aux pieds.

Point de fusil ; depuis belle lurette tous les sergents s'en étaient débarrassés, en les donnant généreusement aux hommes qui arrivaient sans armes.

Mon premier soin en arrivant, fut d'aller laver ma chemise à la Marne.

J'étais absorbé dans cette occupation, lorsque un caporal vint me chercher.

J'étais demandé sur-le-champ, pour la prise d'armes des décorations gagnées au champ de bataille.

Je dus y aller sans chemise, un mouchoir masquant vaguement mon cou, sous l'encolure large de la capote, et emprunter un fusil.

J'avais à mon tableau cinq prisonniers, sur les sept au total, faits par le régiment au cours de la retraite.

Le colonel, m'attachant une croix de guerre me dit :

— J'aurais voulu vous donner la médaille ; vous ne l'avez manquée que d'un cheveu, mais ce sera pour la prochaine fois !

Je fus un peu déçu... quel était ce cheveu ?

Comme j'entrais dans la soirée, dans une pièce où travaillait le fourrier, je vis sur sa table un papier qui attira mon attention.

— Qu'est ceci ? demandai-je.

— Rien... rien... répondit-il, et, contrarié il voulait le cacher.

— Minute... laisse voir un peu !

C'était une liste de huit citations, pour tous les sergents, pour tous les caporaux, et pour l'ordonnance du lieutenant, avec la mention :

« Par sa conduite héroïque au cours de la retraite, a permis à un groupe détaché de la section de capturer des prisonniers. »

Au qualificatif près c'était tout à fait ça...

Je compris alors quel était le cheveu ; ce n'était pas un cheveu, c'en était toute une mèche.

Dans cette affaire, je n'étais plus, au même titre à peu près que les autres, qu'un comparse de la manœuvre d'ensemble qui avait permis le coup.

La lâcheté récompensée, le mérite de la capture minimisé, rétréci, dilué, partagé, ne valait plus qu'une maigre citation à la division.

C'est l'ami Lepage qui avait décrété et manigancé tout cela, le lieutenant laissant faire.

Je n'en aurais rien su, car ils ne l'auraient pas chanté, si ce malencontreux papier n'avait pas traîné sur la table.

J'avais eu cinq jours auparavant, un exemple frappant de la camaraderie des tranchées ; en ce jour je voyais une superbe manifestation de solidarité !...

Mais qui était jaloux ? c'était tout l'autre cadre, qui ne comprenait pas pourquoi il était mis à l'écart de la manne.

Dans le fond !!... eux au moins, ils n'avaient rien à se reprocher.

Perrin disait quelques jours après à l'officier :

— Mon lieutenant, quand vous aurez un autre rabiot de citations, pensez à moi !

Pendant un mois nous évoluâmes dans la région comprise entre Croutte, La Ferté-Jouarre, et la direction de Mareuil-sur-Ourcq.

Nous touchâmes un nouveau sergent, en remplacement de Formet, renvoyé à son corps pour une nouvelle fuite.

C'était un comédien, rescapé d'un régiment anéanti dans l'attaque allemande.

Quand il nous arriva, il avait demandé son chemin à un capitaine de notre bataillon.

Le renseignement reçu il s'éloignait, quand se ravisant, l'officier le rappela :

— Hep ! sergent...

— Mon capitaine...

— Savez-vous boire ?

— Heu !... cette question ?

— Enfin, répondez-moi.

— Eh bien, si je ne le savais pas avant la guerre, vous comprenez que depuis, j'ai pu avoir le temps d'apprendre.

— Suffit... compris... c'est parfait, vous serez très bien là-bas. ... Allez mon ami, il eût été vraiment dommage de déparer la collection.

De fait dans cette période, les officiers à leur popote étaient jaloux de nous. Ils étaient réduits à la portion congrue du ravitaillement, car nous étions dans une région déserte, sans commerce et sans voies ferrées.

— Ils sont toujours à gobeletter, où diable dénichent-ils leur vin ?

Il ne venait pas tout seul ; nous l'allions chercher à douze kilomètres, à Mareuil-sur-Ourcq.

Un jour on nous avait lu un ordre du colonel, portant interdiction formelle, à tout homme ou gradé, de s'écarter du cantonnement.

C'était mon tour avec un autre d'aller au ravitaillement ; nous partons à tous risques, ceinturés chacun de huit à dix bidons.

Nous étions déjà loin, lorsque nous entendîmes le trot de quelques chevaux.

C'étaient le colonel Kiffer, le capitaine en question et un lieutenant qui, venant sur un chemin convergent, allaient nous rejoindre juste au croisement.

Quand ils furent à notre hauteur, j'envoyai un salut grave et majestueux, un salut pépère...

— Bonjour... bonjour mes amis, répondit le colonel, et contemplant tous trois notre armure de bidons, ils s'éloignèrent en riant.

C'est au cours de ces corvées, que je rencontrai une délicieuse Américaine, avec qui j'essayai sans succès d'ébaucher quelque flirt.

Volontaire de l'Y M C A elle servait gratuitement du thé chaud aux passants, ne parlant jamais, car elle ignorait sans doute le français.

Dans sa toilette blanche relevée d'un élégant bonnet, elle était infiniment jolie, et la première fois, en dégustant avec plaisir mon thé, je la croquais des yeux avec un plaisir tout aussi évident.

A la seconde je lui portai une rose.

A la troisième j'essayai de converser : « good morning, miss... love you the French ? »

Me regardant de travers, elle échangeait un sourire avec sa collègue, en faisant effort pour ne pas éclater.

Ce sourire railleur, la rendant plus séduisante encore, ne me rebutait pas, et je pensais :

« C'est ma mauvaise prononciation qui les met en gaîté ; je vais demander quelques leçons au fourrier qui sait l'anglais à fond. »

Cette période de l'été 1918 fut pour notre section une des plus tranquilles.

Entre la retraite et l'offensive on ne fit pas grand' chose, attendant sans souci la marche des événements.

Dans nos déplacements sous le soleil d'été, je mettais ma chemise dans ma musette ; c'était la meilleure manière pour qu'elle soit sèche à l'arrivée.

Dépouillé de tout, sans sac, sans fusil, la capote sur la peau, que c'était différent de ma première marche de l'année précédente.

Je réalisais pleinement la parabole du conteur arabe : « L'homme heureux n'a pas de chemise. »

N'ayant plus rien à perdre, ni à oublier, ni à transporter, je ne fus jamais si insoucieux qu'en ce temps.

XV

Le 17 juillet, nous levâmes encore l'ancre, mais cette fois cela semblait sérieux.

Nous en fûmes convaincus en voyant le formidable afflux de troupes arrivant sur le front.

Des centaines de chars d'assaut défilèrent près de nous.

La nuit, par une pluie torrentielle, nous arrivions à Chézy-en-Orxois.

Remisés dans des caves, nous attendions là les ordres ultérieurs.

A minuit commença le tir de destruction des positions ennemies. La tâche était facile, car pendant ces derniers mois, les armées en présence n'avaient fait que peu d'ouvrages défensifs.

Aucune sape ou abri, résistant au choc des gros obus, quelques vagues tranchées, pas de fils barbelés.

Le reste de la nuit ce fut une débauche de munitions, un tonnerre ininterrompu, auquel répondait de son mieux l'artillerie allemande.

Vers l'aube le canon se tut, remplacé aussitôt par le crépitement des fusils, et le tacatac des mitrailleuses.

La grande offensive était déclenchée, qui, pendant quatre mois, presque sans arrêt, devait nous conduire jusqu'à l'armistice.

De tous les côtés, les tanks surgissaient de l'ombre de la nuit.

Précédés d'un sergent d'infanterie, cheminant en avant pour éclairer leur route, ils allaient débusquer les groupes d'Allemands abrités par quelque repli du terrain.

La plupart, à leur vue, jetaient bas les armes, inutiles contre la forteresse mobile.

Beaucoup, au surplus, étaient satisfaits de saisir l'occasion de terminer la guerre.

Aussi ce fut toute la journée, dans la petite rue de Chézy, un défilé ininterrompu de prisonniers et de blessés.

On employait les prisonniers pour le portage des grands blessés, des postes de secours aux ambulances d'évacuation.

Je vis ainsi quatre prisonniers portant un blessé sur un brancard.

Ils étaient escortés par un Américain, qui, de la main gauche tenait son revolver, et de la droite brandissait un long coutelas, en roulant des yeux d'un air terrible : superbe motif pour un dessus de pendule !...

C'est là que je vis la femme la plus proche de la ligne de feu, qu'il m'ait été donné de rencontrer en cette guerre.

Je m'en approchai et reconnus avec émoi ma gracieuse Américaine et son inséparable marmite de thé.

Comme j'allais l'accoster et renouveler connaissance, elle me devança, disant en un français meilleur que mon anglais :

— Etes-vous du troisième bataillon du 152 ?

— ... Si ! ...si je suis !...

— Oui du troisième bataillon... vous connaîtriez sans doute mon mari ?

— ... Votre mari !!!..., j'ignorais que des officiers américains fussent détachés au 152.

— Mais oui, c'est le cuisinier du commandant.

Nous portâmes des munitions et du ravitaillement.

Au cours d'une corvée, le commandant se plaignit de manquer de brancardiers. Beaucoup étaient blessés, et les derniers ne pouvaient plus suffire à la besogne.

Je lui laissai quatre hommes, avec un caporal, pour aider à la relève des blessés.

Mais le sergent Lepage, venu après moi pour faire une commission, s'empressa de les renvoyer.

A son retour il me passa une furieuse algarade ; ces blessés sur le champ de bataille ne me regardaient pas, je n'avais pas à m'en occuper, etc, etc.

— Mon ami, plût au Ciel que tu ne sois pas un jour blessé dans la campagne, sans secours. Tu reviendrais peut-être à ce moment, à une autre conception de la camaraderie et de la simple humanité !

Au bout de cinq ou six jours la division fut relevée, et après une série d'étapes et de courtes poses, remise dans la mêlée vers Epau-Bézu.

J'eus l'honneur de cantonner, dans la casemate récemment abandonnée d'un général allemand.

Elle était décorée luxueusement de tapisseries rouges recouvrant tous ses murs.

J'y trouvai quelques papiers, des cartes et un trophée de chasse superbe, chipé aux environs, et que le général n'avait pu emporter.

C'était un immense bois de cerf. Posé à terre sur sa monture, il était plus haut que moi, et mes mains allongées n'en touchaient pas les extrémités.

Je voulais le faire porter au général Degoutte, dont le P C était à très peu de distance, mais le lieutenant s'y opposa : pour vivre heureux, vivons inconnus et cachés, inutile de signaler notre existence à ce nouveau chef qui ne pense pas à nous.

Le lendemain, nos hommes avaient scié les plus beaux andouillers, pour en faire des manches de couteaux, mutilant cette pièce unique que les Allemands avaient su respecter.

Comme notre cadre allait prendre sa semaine de repos, désolé et un peu honteux de partir en arrière, et de rester oisif quand la bataille battait son plein, et que tous les concours n'étaient pas superflus, je demandai au lieutenant à m'occuper cette semaine, en offrant mes services comme brancardier au poste de secours voisin.

Il m'en refusa formellement l'autorisation...

Nos troupes progressaient et nous vînmes camper dans le bois du Châtelet.

En contournant ce bois, je trouvai plus à l'est, les traces tragiques du passage récent du 152e.

Les soldats avaient emporté à l'assaut la lisière du bois fortement défendue. Les mitrailleuses et les mitraillettes allemandes, alternant chaque dix mètres, en faisaient un repaire quasiment imprenable.

Mais au prix de quelles pertes fut-il enlevé !...

Le champ précédent était parsemé de cadavres ; je cherchai si j'en reconnaîtrais, et j'y vis un Martiniquais que j'avais eu avec moi au D D.

Un des morts, était occupé à serrer autour de son bras gauche, une courroie dont le bout était dans sa main droite.

Un autre, plié en deux, tenait une bande, dont il avait déjà fait plusieurs tours à sa jambe.

Pauvres garçons, s'ils avaient été secourus à temps, une partie pouvait en réchapper, mais leurs camarades poussant à fond l'offensive, ne pouvaient s'attarder près de ceux qui tombaient.

Et pendant que s'était déroulée cette attaque, et que ces pauvres gens mouraient abandonnés, à quelques kilomètres, rongeant mon frein, j'étais oisif, et les camarades poussaient le manillon en vidant les bidons. Oh ! camaraderie ! sainte camaraderie des tranchées ! Je ne riais plus, en ce moment, j'étais furieux.

Les morts étaient là depuis plusieurs jours, et personne ne s'en occupait pour leur donner une sépulture.

La décomposition faisait son œuvre ; les chairs gonflées, les vers dans la bouche, les oreilles, le nez, et dans les yeux exorbités. Les lèvres tuméfiées laissaient passer des langues démesurées.

Plus au sud, dans un petit bois, je trouvai l'installation d'un canon allemand à longue portée.

Nous étions à quatre-vingts kilomètres de Paris ; je suppose que cette pièce était montée à l'intention de la capitale.

Un raccordement spécial, reliait l'installation à la ligne Château-Thierry, Oulchy-Breny.

Une immense cuvette d'acier, d'une vingtaine de mètres de diamètre, était enfoncée dans le sol, comme celles des plaques tournantes des grandes locomotives.

Le haut de la cuvette, portait une couronne de sphères en acier, grosses comme la tête, formant un roulement à billes continu, comme ceux qui existent aux roues de bicyclettes.

Sur ces billes et un énorme pivot central, pouvait tourner l'affût du canon, sur un grand pont, identique encore à ceux des plaques tournantes.

Le tube de la pièce manquait. Avait-il été retiré, ou n'était-il pas encore installé au moment de l'attaque ?

De toute façon le travail s'était fait prestement, car entre leur avance et notre contre-attaque, ils n'avaient eu qu'un mois pour faire l'installation.

C'est dire que le projet avait été conçu, et le matériel préparé de longue date.

De grands approvisionnements de munitions étaient déjà constitués, égaillés en petits tas, dans toute l'étendue du bois.

**

Au mois d'août **nous** arrivâmes à Mont-Notre-Dame.

Ce curieux village contourne en un circuit fermé, une colline ronde de deux kilomètres de diamètre à la base, dont la pointe est occupée par l'église et quelques édifices.

On a dû y cultiver la vigne, car de nombreuses caves sont taillées dans le rocher, au bas de la colline.

C'est dans ces caves que nous logeâmes tous, gradés et disciplinaires.

Nous étions bien abrités contre les avions, mais mal préservés des tirs de plein fouet.

Ces caves, en effet, pour la bonne tenue des vins, occupaient toutes le nord de la colline, ce qui était alors la direction d'où venaient les obus. Nous dûmes nous y résigner, n'ayant pas à choisir.

Devant l'entrée de notre cave, le lieutenant fit édifier un mur épais, en grosses pierres prises aux démolitions des maisons voisines.

C'est à cette mesure, que nous dûmes la vie, car plusieurs obus vinrent éclater contre ce mur, qui seraient, sans lui, entrés à l'intérieur.

Mon tour de permission de détente était venu, mais je refusai de la prendre, considérant comme une désertion larvée, l'absence volontaire du front au moment d'une offensive.

« Pends-toi, brave Crillon, nous avons vaincu sans toi », disait Henri IV ; je ne voulais pas encourir cette disgrâce.

Nous fûmes chargés de porter aux troupes de première ligne, du matériel et surtout des rouleaux de fils barbelés.

Ce portage à dos, dans la nuit, à travers une forêt aux branches coupées, entremêlées, fut très pénible.

Nous tendions, la nuit, devant notre entrée, des toiles de tente mouillées, pour nous préserver des gaz asphyxiants.

Le 15 août, comme nous rentrions de la corvée, vers une heure du matin, nous dûmes nous dépêcher pour rejoindre nos abris, fuyant sous un bombardement brusquement déclanché.

Pendant tout le reste de la nuit, jusqu'au petit jour, le bombardement continua, et c'est à ce moment que plusieurs obus s'écrasèrent sur notre mur de protection.

C'étaient des obus à gaz, nous étions tous perdus, s'ils avaient éclaté dans la cave.

Nous reconnaissions aisément la nature des obus. Leur rôle étant de transporter les gaz, l'enveloppe en est peu épaisse, et ils s'écrasent sur le sol avec un bruit sourd, et en creusant un faible trou.

Assez bien garantis par nos toiles mouillées, nous ne fûmes pas incommodés par le bombardement.

Attendant encore un peu dans ce milieu préservé, je sortis vers sept heures pour aller aux nouvelles.

La rue était jonchée des débris des maisons touchées par les obus.

Je trouvai chez nos hommes un tableau lamentable.

Dans leurs caves, plus enfoncées dans le sol que
la nôtre, le gaz, plus lourd que l'air, avait pénétré
aisément.

Ils étaient tous empoisonnés.

Quelques-uns déjà, gisaient sur le sol, crachant
le sang.

Je fus chercher mes camarades, mais ils refusèrent
de sortir de l'abri protecteur :

— Occupe-t'en si tu veux... nous ne voulons pas
nous contaminer à leur contact...

Tout seul, j'entrepris de sortir les blessés ; aidé
des plus valides, je les évacuai de leurs trous dangereux.

Je les étendais sur le bord de la route.

Ensuite je les emmenai au poste de secours assez
proche.

Le major me reçut comme un chien.

— C'est de leur faute, ils l'ont fait exprès pour
être évacués. Ils ne seraient pas malades s'ils avaient
mis les masques. Vous êtes aussi coupable de ne pas
les y avoir obligés, je vous ferai casser...

— Monsieur le major, mes galons sont peu de chose
en cette affaire ; faites votre métier, c'est tout ce qu'on
vous demande, sinon je les emmène sans votre permission.

Sur ce, arriva une note du général prescrivant une
large évacuation, et, rassuré, notre médecin fit les
fiches, qu'il revêtit toutefois de la mention :

« Blessure volontaire. »

Cela ne lui porta pas chance ; intoxiqué lui-même, il en mourut.

$$* \atop * \ *$$

L'établissement des fiches avait pris bien du temps, et il était onze heures quand tous furent prêts pour le départ.

Dans cet intervalle le poison faisait son œuvre, fermant peu à peu les yeux, et tous étaient aveugles lorsque je pus partir.

Il fallait les conduire à deux kilomètres, à l'ambulance des brancardiers divisionnaires, abritée au sud de la colline, point extrême de l'accès des voitures.

Mettant debout chacun de mes hommes un à un, je les plaçai en file indienne.

Chaque homme tenant la capote de son prédécesseur, je pris la main du premier et en avant !...

Comme un grand serpent aux anneaux ondulants, ma colonne zigzaguait dans la rue.

De temps en temps, un homme butait dans une pierre, et tombait en criant d'une voix lamentable : « Arrêtez... j'ai lâché... » je devais aller raccommoder la chaîne de misère, et nous repartions pour quelques mètres.

Des soldats, sortant des maisons, stupéfaits, hêlaient les camarades :

— Oh !!... venez voir le tragique cortège !...

Après plus d'une heure de ce dur calvaire, nous

approchions enfin du but, quand je me sentis également atteint.

Un brouillard commençait à fatiguer ma vue :

— Hâtons-nous, mes amis !... le temps presse !... courage, je vois l'ambulance.

Hélas, je ne la voyais guère ; elle n'était plus très loin, mais une ombre épaisse s'étendait sur mes yeux.

Dans un dernier effort, je fis encore cent mètres, et la nuit éternelle avait clos mes paupières :

— Arrêtez, mes amis !... je ne puis plus guider!... et, poussant un cri dans ma nuit... « A moi, les brancardiers !... », je fis halte au milieu du chemin.

Quelqu'un m'entendit : on vint, et peu d'instants après, les ambulanciers considéraient surpris ce tableau saisissant : quarante aveugles leur arrivant conduits par un aveugle.

Nous n'étions pas les seuls ; ce bombardement, plus meurtrier qu'une bataille, avait fait des milliers de victimes.

Evacués dans des voitures, nous passâmes la nuit sous un baraquement, attendant les trains qui nous emmèneraient.

Le voyage dura-t-il deux jours ? trois jours ? Il dura longtemps, c'est tout ce que je sais, ayant perdu notion du jour et de la nuit.

Je fus débarqué à Nevers.

Plusieurs fois durant le trajet, et après notre arrivée, des majors nous donnèrent quelques soins.

Ils consistaient en une instillation d'atropine dans les yeux.

Ce simple geste nous causait une souffrance terrible. Les yeux clos, nous ne sentions aucune douleur, mais il fallait soulever la paupière, et la moindre lumière atteignant la pupille, était ressentie comme un coup de poignard.

Les médecins nous rassuraient : « Ce ne sera rien... vous en avez pour quelques jours... ces gaz ne donnent pas la cécité permanente. »

Ils avaient raison, mais ce qu'ils oubliaient de dire, c'est que l'on devait à peu près en guérir... ou que l'on en mourait aussi facilement.

Les deux tiers de mes hommes en moururent !...

Une chose unique, en ces heures critiques où je fus entre la vie et la mort, eût pu me faire plaisir. C'eût été de revoir ma mère avant mon départ pour le Ciel.

Oh ! c'était seulement une impression intime, un souhait platonique, puisque je savais bien qu'elle ne viendrait pas.

Non qu'elle n'eût accouru à mon appel, mais il me déplaît de déranger les gens, de les apitoyer sur ma personne, et je n'avais pas voulu l'inquiéter, peut-être sans raison, en la faisant aviser de la gravité de mon état.

En dehors de son image tout m'était indifférent.

Je recevais tous les jours quelques lettres :

— Faut-il vous les lire ? demandait l'infirmière.

— D'où est-ce ?...

Si ce n'était pas de chez moi je refusais :

— Inutile !... que m'importent ces futilités ?...
fourrez tout cela dans la table de nuit !

***

La cécité complète dura cinq ou six jours, puis
petit à petit je vis un peu de l'œil gauche.

Ce n'étaient pas seulement les yeux qui étaient
atteints, les poumons étaient gravement brûlés, et
tout le corps pelait aux endroits plus humides.

Le développement de l'action nocive du gaz se
faisait pour tous à la même cadence.

Ceux qui devaient mourir partirent le huitième
ou le neuvième jour.

A ce moment je fus sur la balance, ma fièvre dépas-
sant quarante et un degrés.

Je voyais déjà assez pour suivre, sur ma fiche, la
courbe ascendante de ma température, et le dernier
jour, je ne me mépris pas aux signes discrets que se
faisaient entre eux infirmières et majors.

Je demandai l'aumônier, et, mes papiers en règle,
j'attendis bien en paix l'heure du grand voyage.

La mort n'était pas pour moi une importune.

Croyant convaincu, je regardais le trépas comme
une simple permutation, dont le seul aléa justifiant
l'inquiétude, serait l'incertitude de la future affectation.

Or, je savais bien qu'en aucun moment de ma vie,

je ne pourrais plus réunir toutes les circonstances heureuses, qui étaient assemblées à cet instant, pour me donner la plus grande confiance à ce sujet : mourir en pleine apothéose, dans le soleil de la victoire, conscient d'y avoir travaillé de mon mieux, certain de l'issue heureuse de la guerre, ne laissant pas de misère derrière moi, un prêtre à mes côtés pour passer l'arme à gauche, en pleine connaissance, sans pénible agonie, et muni du plus beau laisser-passer pour franchir sans histoires la porte de Saint Pierre, *car le sacrifice le plus agréable à Dieu, est de donner sa vie pour le salut de sa Patrie.*

Jésus crucifié pour le salut des hommes, pourrait-il repousser un pauvre diable mort en défendant son pays ?

Le Christ brisé, et le chef de gare de Montauban, allaient se retrouver face à face là-haut !...

Allons-y puisque c'est mon tour :

Pour défiler devant le Général !...
Baïonnette au canon !...
Arme sur l'épaule !...
Jarret tendu !...
En avant !... marche !...

O Crux ave, morituri te salutant.

XVI

Epuisé par cette agitation, ma tête retomba sans force sur l'oreiller.

Enchaînant sans transition les songes du sommeil aux rêveries de la veille, des spectacles merveilleux s'offrirent à ma pensée.

J'étais revenu à huit jours en arrière au village de Mont-Notre-Dame, et, planté au milieu du chemin, aveugle, tenant le premier de mes quarante aveugles, j'attendais du secours.

Je sentis tout à coup une main très douce qui saisissait la mienne.

Oh !... cette main !...

Une commotion indicible de crainte et de bonheur, de surprise et de joie, de terreur et de ravissement, avait secoué tout mon être à son premier contact.

Je sentais la mienne petite, toute menue, perdue, dans cette main secourable qui dirigeait nos pas.

J'avais la sensation d'être redevenu un tout petit enfant accompagnant sa mère.

Les images chevauchant sans ordre, je revis le bébé de deux ou trois années, ne pouvant vivre ailleurs qu'auprès de sa maman, un doigt dans la bouche, l'autre main chiffonnant sans arrêt quelque pli de la jupe.

Lâchant mon premier aveugle, je cherchai de la main libérée, à saisir à nouveau la robe maternelle.

Insaisissable, elle se dérobait et avec elle le corps de notre conducteur.

Tremblant de frayeur, je touchai la main charitable, et, remontant le long du poignet, je fus tout de suite au bout.

Comme un éclair, la vérité jaillit à mon esprit :
... C'était la main de Dieu !... la main détachée du Christ de Montauban !...

Affolé, je tombai le front dans la poussière, mais la Main me releva, tandis qu'une voix divine murmurait :

— Venez mes enfants...

Reprenant alors le bras du premier homme, je suivis docilement notre Guide.

J'eus l'impression que nous montions sur le haut de la butte, dans un chemin désormais sans encombres. Devant nos pas, les trous se comblaient, et les pierres s'écartaient spontanément de nous.

Combien de temps dura cette ascension? Les heures ne comptent pas dans l'éternité, et, sans fatigue, le voyage n'avait pu nous paraître trop long.

Une pression de la Main, indiqua que nous étions rendus au terme de la route, et la Voix reprit :

— C'est ici !... tu te débrouilleras avec ta section!

La Main me quitta ; je sentis encore ses doigts effleurer mes paupières, puis elle disparut.

Par cette extrême onction la lumière m'était rendue. Mes yeux s'ouvrirent et je vis...

*
* *

Nous étions arrivés devant l'enceinte extérieure du Paradis.

Aussi longue que les limites du firmament, une immense muraille, toute de marbre blanc, s'élevait à cent pieds de hauteur, coupée de tours plus élevées, au haut desquelles des anges montaient la garde.

La base de la muraille baignait dans un profond fossé, large comme un grand fleuve, où mugissait un torrent de métal en fusion, dont les vagues pressées, soulevées par un foyer ardent, s'élevaient à grande hauteur, et retombaient avec fracas, éparpillant dans l'air des myriades d'étincelles.

Devant un donjon puissamment armé, sur une arche unique d'immense ouverture, un seul pont étroit laissait franchir le fleuve.

Il aboutissait à une porte d'ivoire, géante, monumentale, mais dont les ais puissants ne s'étaient ouverts que deux fois : pour l'entrée de Jésus le jour de l'Ascension, et pour la réception de sa divine Mère, le jour de l'Assomption.

Le commun des âmes était admis à passer par un huis très petit, découpé dans un des grands panneaux, après avoir montré patte blanche, et fait voir ses papiers à un guichet étroit.

Le pont n'accédait pas encore jusqu'à la porte.

Coupé sur trente pieds, il laissait sur le torrent de feu une large ouverture.

Elle était franchie sur un pont-levis, derrière lequel une grande herse de fer, protégeait la porte contre toute entreprise.

L'entrée du pont, à l'autre bord du fleuve, était défendue par sept réseaux de fils d'or barbelés, parcourus par la foudre, fusant de toutes les pointes en éclairs menaçants.

Une chicane en zig-zag était son seul passage.

A l'entrée du passage, un ange était de garde.

Dans sa main brillait une épée d'or, dont la lame sinueuse lançait des jets de flammes.

Devant cet appareil j'étais peu rassuré.

— Fichtre de fichtre, mes bons amis, dis-je à mes compagnons, il n'est pas commode d'entrer en contrebande au sein du Paradis ; d'abord, faisons l'appel...

Je craignais qu'un chaînon détaché eût laissé choir en route l'un de mes camarades.

Je suivis le monôme, les comptant un à un, et fus très satisfait de retrouver mon compte.

— Maintenant, attention !... suivez bien la consigne... Ne répondez rien sans que je vous le dise ; approuvez tout ce que j'avancerai pour vous ; et surtout ne rompez pas la chaîne !...

Je m'approchai de l'ange factionnaire qui, à portée de voix, se mit en garde croisant l'épée.

— Qui vive ?

— France...

— Avance au ralliement !...

J'approchais avec mon cortège, mais un impérieux «Halte à la troupe... » me cloua sur la place.

— Approche seul !...

— Messire Ange, je ne puis, veuillez considérer que je tire après moi une section d'aveugles !... ils ne sont pas à craindre !...

Il vérifia la chose, et à moitié convaincu ajouta :

— Allons, donne le mot !

— Pro Patria...

— C'est bien, que désires-tu ?

— Entrer au Paradis avec mes compagnons...

— Ho ! ho ! cela ne se passe pas ainsi ; les titres de chacun doivent être examinés individuellement.

— S'il vous plaît, Seigneur Ange, qui est qualifié pour donner le passage ?

— C'est Saint Pierre.

— Voudriez-vous avertir Saint Pierre, qu'un visiteur demande à lui parler ?...

— Mais cela ne se peut ; pour quel motif, et par quelle puissance, faudrait-il pour toi, déroger ainsi à notre règlement ?

— Parce que le Christ m'a conduit jusqu'ici, et ce n'est sans doute pas pour me laisser dehors : reconnaissez son sceau !...

Je lui montrai ma main : le contact de la Main divine, l'avait imprégnée d'effluves irradiantes. En face le trou saignant du clou de la croix, l'amour de son Sacré-Cœur, coulant en traits de flamme, avait consumé cette partie de ma main qui brûlait encore du vivifiant amour.

Le doute n'était pas possible, mais l'ange n'osait abandonner son poste.

— Eh bien ! confiez-moi votre épée ; ce ne sera pas la première fois que je prendrai la garde ; foi de soldat français, nulle âme de trépassé ne franchira ce pas avant votre retour.

Il se laissa convaincre, et je pris la faction devant le Paradis, priant d'attendre un peu ceux qui se présentaient.

Saint Pierre était embarrassé.

Ce n'était pas la première fois que Jésus, ou sa main, ou son Sacré-Cœur, patronant un arrivant, levait d'emblée toutes les consignes.

Cette fois même, particulièrement, Il était passé au corps de garde pour annoncer mon arrivée.

— C'est un brave soldat ; laissez-le entrer sans aucune histoire... vous m'avez compris !...

Mais Il n'avait pas parlé du reste de la bande.

Comme je ne voulais pas quitter mes hommes, et ne pouvais avec eux venir parlementer au guichet, songeur, Saint Pierre s'en vint sur l'autre bord du fleuve.

Avec bienveillance, selon l'ordre du Christ, il demanda :

— Que désires-tu?

Me prosternant à ses pieds, et baisant respectueusement son gros orteil pour l'amadouer, comme je l'avais vu faire en l'église Saint-Sulpice, je répondis :

— Grand Saint Pierre, incomparable et généreux Saint Pierre, je demande à entrer au Paradis avec mes compagnons.

— Mais cela ne se peut. Entre si tu le veux, nous verrons pour les autres.

En regardant mes amis, il faisait une grimace significative qui me semblait de mauvais augure, et, insinuant, il cherchait à me détacher de la chaîne.

Je n'en voulus rien faire.

Très perplexe, tournant et retournant sa barbe dans ses doigts, il déclara enfin :

— Cette affaire est trop grave pour que je puisse en décider tout seul ; il faut que je consulte mes compagnons apôtres, qui ont reçu avec moi le pouvoir de remettre les péchés.

*
* *

Des estafettes furent aussitôt détachées pour convoquer les dix apôtres.

Pendant ce temps des anges dressaient une table, des bancs, et préparaient l'appareil ordinaire de tout conseil de guerre.

Les apôtres arrivèrent l'un après l'autre, grommelant qu'on les dérangeait de leurs plaisirs célestes, et lorsqu'ils furent tous assemblés, ils prirent place à la table du conseil.

Simon Pierre présidait.

A sa gauche était André, son frère ; à sa droite,

Jean, fils de Zébédée, et Jacques, son frère, nommés les Boanerges.

De côté et d'autre, jusqu'au bout de la table, Philippe, Barthélemy, Simon le Chananéen, et Jacques fils d'Alphée, et Thadée et Thomas.

En raison de son instruction, Mathieu ancien receveur des fermes, sachant lire et écrire, fut désigné comme greffier.

Saint Jean-Baptiste aussi était venu ; il n'avait pas voix délibérante, mais c'est lui qui, par le baptême, blanchissait et amnistiait les prévenus acquittés.

Il prit place sur un tabouret derrière le conseil.

— La séance est ouverte, dit le président.

Les livrets matricules de chacun de mes hommes étaient alignés sur la table.

Mathieu, sautant vivement aux folios de punitions, levait les bras au ciel.

— Seigneur !... Seigneur !... qu'est-ce que c'est que cette bande de Mandrins... jamais oncques ne vit, demandant son entrée à la porte du Ciel, une si belle collection de sacripants !...

— Monsieur le greffier, c'est la section de discipline de la 164e division.

Ils se regardaient tous, éberlués, et Saint Pierre hochant la tête, disait :

— Vous voyez bien que la chose justifiait votre dérangement.

Quand Mathieu eut donné lecture de tous les méfaits de chacun de mes compagnons, le Président **me dit :**

— Tu as la parole...

— Grand Saint Pierre, et vous Messieurs les **Juges,**
je ne veux parler qu'en la présence d'un avocat librement choisi.

Surpris de cet artifice de procédure inattendu,
Saint Pierre ordonna une suspension d'audience, et
tous les juges allèrent à l'écart pour discuter le coup.

Je voyais de loin Saint Mathieu feuilleter fébrilement le code.

Pendant ce temps, je renouvelais la consigne à mes
hommes : ne pas lâcher la chaîne, et dire comme moi,
toujours.

Quand le tribunal revint, Saint Pierre me dit :

— Ta requête est réglementaire ; quel avocat
désires-tu ?

Je sollicite l'honneur d'être défendu par la
Sainte Vierge.

La consternation se répandit sur le visage de tous
les juges. Ils sentaient le coup droit, et qu'ils ne
pourraient rien refuser à Marie, mère de Dieu.

Ils essayèrent d'ébranler ma résolution, en faisant valoir que la Sainte Vierge était très occupée
en ce moment.

Puis, ils entreprirent chacun des hommes en particulier :

— Voyons, mon ami, prenez donc Saint Yves, par
exemple ; il parlera aussi bien : c'est un incorrigible
bavard !...

— Nous voulons la Sainte Vierge... nous voulons
la Sainte Vierge !...

Voyant que nous étions plus têtus, que l'âne portant Jésus à son entrée à Jérusalem, Saint Pierre se résigna, et dit à Jean qui était à sa droite :

— Va demander à ta Mère adoptive, si Elle veut venir défendre ces gens-là.

J'en étais certain, car on n'a jamais entendu dire, qu'aucun de ceux qui ont eu recours à sa sainte protection, imploré son secours, et demandé ses suffrages, ait été abandonné.

Pendant que Saint Jean faisait sa commission, des anges s'activaient, pour donner à notre installation provisoire, un décor digne de la Visiteuse attendue.

Un trône d'or à grand baldaquin était approché. D'épais tapis recouvraient le chemin, et partout des lys furent jetés à profusion.

Quand la Vierge arriva, accompagnant son fils Jean, tous les apôtres debout s'inclinèrent très bas.

A mes aveugles, je dis bien vite :

— Faites passer... la Sainte Vierge arrive, prosternez-vous.

Tous ensemble, le front sur les nuages, nous priions à haute voix « Ave Maria, gracia plena...

Quand Elle fut assise sur son trône, les juges reprirent leur place et Saint Pierre dit :

— Levez-vous.

Je pus alors emplir mes yeux de l'extatique vision. Pour sa démarche extra-muros, la Vierge avait revêtu la livrée humaine, qu'Elle a coutume de porter dans ses visites sur la terre.

Cette simplicité touchante me rassura, car vue

dans l'appareil de sa splendeur, l'émotion eût coupé toutes les forces de ma volonté.

Saint Pierre exposa succinctement l'affaire, et Mathieu prononça son réquisitoire, après avoir lu les casiers judiciaires.

Une ombre de tristesse avait envahi les traits de la Vierge, à l'audition de ce peu glorieux palmarès.

— Parle maintenant, me dit Saint-Pierre, puisque votre avocat est présent.

— Grand Saint Pierre, et vous Saints Apôtres, vous savez bien qu'il y a plus de joie dans le Ciel, pour un pécheur repentant, que pour cent justes persévérants.

Pour mes quarante pécheurs, il y aura donc plus de joie à leur entrée au Ciel, que pour celle de quatre mille anges de vertus.

— Sans blague !... dit Saint Pierre, elle est raide celle-là !... non mais, tu nous la sors bonne !... qui est-ce donc qui t'a raconté ce bobard ?

— C'est Notre-Seigneur Jésus-Christ, le fils du Dieu vivant ; j'en prends à témoin ces messieurs, Mathieu et Jean. Renseignez-vous également s'il vous plaît, près de Saint Luc et de Saint Marc.

Saint Pierre et les autres ne se souvenaient plus ; c'était si loin !... Ils interrogèrent du regard Saint Mathieu et Saint Jean.

— Effectivement, dirent-ils, nous l'avons consigné dans nos Evangiles.

— Verba volant, scripta manent, dit Saint Pierre ;
vous nous mettez dans de beaux draps avec vos pape-
lards !...

Mais, qui me dit que tu amènes ici des pécheurs
repentants ?...

Je dis à mon voisin :

— Faites passer... dites vite l'acte de contrition.

Aussitôt, tous ensemble se mirent à crier, dans une
belle cacophonie.

— Mon Dieu, j'ai un très grand regret de vous avoir
offensé... je vous en demande bien humblement pardon, et à vous, messieurs les Saints Apôtres, la pénitence et l'absolution.

Je triomphais modestement :

— Vous voyez bien, Saint Pierre, que ce sont des
pécheurs repentants !...

— Heu !... heu !... dit Saint Pierre, en tous cas
ils reconnaissent eux-mêmes, que pour avoir droit à
notre absolution, ils doivent accomplir une pénitence.

— La pénitence, Saint Pierre, ils l'ont faite amplement : voyez leurs yeux éteints à la lumière du Ciel ;
leur présence en ce lieu elle-même en atteste, ils sont
morts pour la France, pour leur Patrie ; plus qu'au
châtiment des pécheurs, ils ont droit à la palme des
martyrs !...

— Oh ! ils ne l'ont pas fait exprès !...

— Mais, Saint Pierre, combien de saints canonisés
sous le vocable de martyrs, n'ont jamais demandé
volontairement la mort. Tous les prêtres noyés sur
les pontons, sans compter beaucoup d'autres, n'étaient
pas si pressés d'aller au Paradis.

— Sans doute, sans doute... seulement, avant leur supplice, ces martyrs étaient des hommes vertueux, tandis qu'ici je ne vois que chapardages, désertions, abandons de postes...

La voix céleste de la Sainte Vierge l'interrompit :

— Que celui qui n'a jamais abandonné son Maître, leur jette la première pierre...

Et au même instant, on entendit dans le lointain, un sonore « Cocorico... »

Les juges confus baissaient la tête, regardant à la dérobée Saint Pierre, rouge jusqu'aux oreilles.

— Voyons, voyons Saint Pierre, dit la bonne Vierge, je ne veux pas vous faire de peine ; je fais mon métier d'avocat, tout simplement.

— N'en parlons plus, et accordons à ces délinquants qu'ils échapperont aux flammes éternelles de l'enfer ; mais ils doivent faire un stage au purgatoire !...

— Grand Saint Pierre, je n'en veux rien savoir ; j'ai ces hommes en consigne et ne les quitterai point. Jamais je ne les ai abandonnés dans les bons ou les mauvais moments ; ils m'ont suivi avec confiance sous les obus, sachant que je les précéderais partout ; soit au paradis, soit au purgatoire, je marcherai devant eux !... mais !... vous savez ce que Notre-Seigneur a dit à mon sujet !...

— Mon cher Simon, dit la Sainte Vierge, vous êtes le seul, à qui il ne soit pas permis d'être plus catholique que le Pape, puisque vous êtes le premier Pape !...

Les apôtres sourirent... l'apôtre qui rit est désarmé, et je sentais que Saint Pierre perdait pied.

— Enfin, bonne Sainte Vierge, reconnaissez vous-même que ces âmes noires, auraient besoin d'un décapage dans un bain d'acide purifiant !...

Avec son plus suave sourire, la Sainte Vierge me dit :

— Qu'en pensez-vous sergent ?... accepteriez-vous par transaction, un tout petit tour de rôtissoire pour purifier ces âmes ?...

— Pour purifier ces âmes !... Sainte Vierge Marie, oh ! attendez un peu ! ...

Je dis à mon voisin. « Faites passer, ne lâchez pas !! »

Toujours accrochés, je repliai notre monôme en deux, allant rejoindre le dernier.

En passant près de chaque homme, je posais sur son front ma main incandescente, toute brûlante de l'amour sacré du Divin Cœur de Jésus, et aussitôt il était purifié.

Quand le cercle fut fermé, je fis passer: « A genoux » et une ardente supplication vers notre Guide, produisit le prodige.

La chaîne de misère était devenue un chapelet, ma main levée en était le Crucifix, j'en étais le grain majuscule, et chacun de mes hommes des grains minuscules.

Je commençai aussitôt la récitation du chapelet :

— Notre Père qui êtes aux Cieux... pardonnez-nous nos offenses, comme nous avons pardonné... et chaque grain minuscule continua après moi :

— Sainte Marie, Mère de Dieu, priez pour nous pauvres pécheurs...

Quand mes quarante camarades eurent achevé

leurs quarante Ave, la bonne Sainte Vierge, dont les traits avaient perdu leur tristesse première, fit sa plaidoirie :

— Messieurs les juges, vous avez devant vous un chapelet bénit. Or, vous savez bien qu'on ne peut en briser une maille, ou en retirer un grain, sans faire perdre à l'ensemble le bénéfice de la bénédiction. Si vous laissez passer le grain majuscule, vous devez tout admettre.

Allons ! allons ! mon vieux Pierre, ne vous faites pas tant tirer l'oreille : passez l'éponge !...

— Madame Marie, lui répondit Saint-Pierre, vos plus petits désirs sont des ordres pour nous !... qu'il soit fait selon votre parole !...

Prosternés, nous nous confondîmes en actions de grâces, et la Sainte Vierge se retira, accompagnée de Jean.

— Jean-Baptiste, dit Saint Pierre, va nous chercher quelques seaux d'eau bénite.

Saint Jean-Baptiste partit, et quelque temps après, revint porteur de deux grands seaux, qu'il avait puisés dans le lit du Jourdain :

— J'ai eu du mal, dit-il ; le fleuve a bien baissé, depuis que Jaurès l'a accaparé pour baptiser ses filles.

Alors Saint Pierre, appliquant à la lettre le vœu de la bonne Vierge, saisit une grande éponge. La trempant dans un seau, il en badigeonnait à grands coups chaque homme qui passait en suivant devant lui.

Saint Jean dut faire plusieurs voyages.

Les âmes noires sortaient des mains de Pierre, aussi blanches que celles qui viennent du Purgatoire, la vue était rendue à leurs yeux éteints, mais Saint Pierre en avait gagné un tour de reins.

— Ouf !... dit-il ensuite en s'épongeant le front... si je devais faire ce métier, pour laver les péchés de toute l'humanité, je préférerais de suite rendre mes clefs !...

A la suite du bon Saint Pierre, dont les préventions contre mes compagnons, s'en étaient allées avec l'eau de rinçage, nous enfilâmes la chicane des réseaux barbelés.

Le fossé traversé, il fit baisser le pont-levis, et dans un bruit de chaînes enroulées sur un treuil, la lourde herse de fer se souleva à peine, pour dégager la petite ouverture.

Choisissant une clef dans son trousseau, il entr'ouvrit l'huis, et nous entrâmes à la file, soigneusement comptés par Saint Pierre, qui craignait qu'une âme étrangère se fût clandestinement glissée parmi nous.

Il referma ensuite la porte, donna sept tours de clef, poussa sept verrous, fit rabaisser la herse et relever le pont-levis.

Je n'aurais jamais cru qu'il fût si difficile d'entrer au Paradis.

Dans le vestibule du corps de garde, des anges secrétaires inscrivirent nos noms, affectation, grades et matricules sur le registre des entrées.

Pendant ce temps, Saint Pierre donnait **un ordre** à un planton qui s'éloigna, et il **nous dit** :

— Pour recevoir des soldats de France, j'envoie quérir un de vos compagnons. Il vous servira d'introducteur, de guide et de héraut, pour votre entrée dans le Ciel.

L'ange revint bientôt, accompagné d'un chevalier à la haute stature : un visage souriant tout empreint de noblesse, des yeux grands et brillants, témoignant par leur vaillante ardeur, qu'ils ne s'étaient jamais baissés devant personne.

Il portait une tunique de laine, bordée en bas par un galon de soie. Une ceinture serrait sa tunique à sa taille, et le haut du corps était couvert par une cotte de mailles d'acier à courtes manches.

Le haut de chausse serré aux jambes par des bandelettes de couleur, il avait aux pieds des brodequins de cuir souple.

Le baudrier fixé à sa ceinture, était veuf de son épée, mais il portait en écharpe, suspendu à une chaînette d'or, un merveilleux cor en ivoire ouvragé.

.Ce dernier détail me le fit reconnaître : c'était le Comte Roland, des Marches de Bretagne, Roland le preux des preux, neveu de Charlemagne.

Aucun guide n'aurait pu m'être plus sympathique.

Prenant congé de Saint Pierre, nous suivîmes notre illustre compagnon, qui nous introduisit dans la première enceinte du Ciel.

XVII

Cette région, était un rendez-vous des âmes des justes de la Terre.

Dans l'intervalle des grandes fêtes célestes, hors de la présence immédiate de la Cour divine, écrasante de majesté sublime, ces âmes plus simplement se retrouvaient entre elles.

C'est ici que l'enfant rejoignait une mère chérie, et lui témoignait sa joie de la revoir ; la veuve éplorée se trouvait réunie à l'époux regretté ; l'ami reconnaissait un ami disparu.

A travers les siècles, qui perdent leur signification dans cette éternité, les concitoyens d'une même Patrie se regroupaient entre eux, s'entretenant des événements intéressant leurs descendants.

— Quelle foule immense, dis-je à notre guide ; à combien de millions d'âmes peut être évaluée cette nombreuse assemblée?

Roland sourit et dit :

— Tes yeux n'en peuvent voir qu'une infime partie ; ce n'est pas par millions que l'on chiffre ici-haut, c'est par milliards. Depuis la création de la Terre, trois cent milliards d'âmes sont entrées au Paradis, par la petite porte par où vous êtes passés.

Le chiffre me parut fort, s'il ne devait comprendre que les justes rachetés par Jésus-Christ, ayant reçu le saint baptême.

— Oui, oui, me dit Roland, de cette catégorie il n'y en a pas tant ; à eux sont réservées les plus belles places dans les cérémonies, et les célestes jouissances de la présence de Dieu.

Nous ne sommes ici qu'au vestibule du Paradis, dont l'accès est permis à toutes les âmes de bonne volonté, sans distinction de temps, de races, de religions, et à qui sont distribuées les miettes du banquet des élus.

— Est-ce là ce qu'on appelle les Limbes, destination des enfants morts avant le baptême ?

— Si tu veux... mais approchons de ce secteur, nous y serons en pays de connaissances.

J'eus bientôt, en effet, le plaisir de voir des figures amies, à qui Roland nous présentait.

C'était l'assemblée ordinaire, des cinquante générations successives, qui en vingt siècles firent la France.

Quelle n'était pas ma joie, de reconnaître ici tous ces bons pionniers de notre civilisation ; aucun traître, aucun vendu, aucun mauvais Français n'existant parmi eux ; ils sont tous en enfer, avec leur compagnon Judas.

Il me serait impossible de nommer tous ceux qui me furent présentés, ou simplement montrés.

— Vois ce prélat bougon, disputant un homme assez mal fagoté, une couronne en carton doré sur la tête : c'est Saint Eloi, toujours en train de sermonner le bon roi Dagobert, à cause de sa tenue...

Dans un groupe important, un moine huché sur un tonneau haranguait la foule. Il était vêtu d'un grand manteau de laine, noué par une corde, les pieds nus, et tenait à la main le bâton de pélerin avec sa petite gourde. « La France est envahie, il faut la secourir : réveillez-vous, preux et chevaliers, reprenez votre vaillante épée... Debout les morts !... Dieu le veut ! »

— Tu reconnais Pierre l'Ermite ; sa marotte est de prêcher des Croisades contre n'importe qui.

Je dus avouer que je ne le trouvais pas si drôle que cela, et qu'il se dévouait à une noble tâche : le Clémenceau des trépassés.

Saint Vincent de Paul passa, la soutane emplie de petits enfants, morts avant le baptême, qu'il voulait faire entrer en cachette dans le Ciel.

Un homme à longues moustaches, et aux cheveux hirsutes, par un tic singulier, frottait toujours son cou.

— Vercingétorix, dit Roland, croit encore avoir autour du cou le lien qui l'étrangla.

Dans un coin, deux hommes conversaient à voix basse : « Richelieu et Pépin de Landen discutant des secrets d'Etat. »

Je reconnus plus loin la redingote grise et le chapeau tricorne du Petit Caporal, parlant de stratégie avec le grand Condé.

Eustache de St-Pierre se promenait gravement, la corde au cou, en grande chemise blanche.

Un cossonnier avec un grand panier tout empli de volailles, offrait sa marchandise : « Qui en veut ? je ne les vends pas, je les donne.»

— C'est Sully : son maître veut que chacun mette la poule au pot.

— Rangeons-nous, dit Roland ; laissez passer ce hurluberlu distrait : c'est Pascal, roulant toute sa production littéraire dans la brouette qu'il inventa.

— Ah ! venez que je vous présente à mon oncle, et il nous entraîna vers un groupe curieux.

Un curé à la face rubiconde, le nez tout bourgeonné, riait aux éclats en racontant des gaudrioles, et en tapant sur le ventre d'un grand vieillard à barbe blanche plein de majesté. « Cet incorrigible Rabelais, n'a aucun respect pour le grand Charlemagne !... »

Certains avaient des ailes et volaient de groupes en groupes. Parmi eux, Roland me montra Guynemer, arrière-petit-fils d'un de ses compagnons.

Beaucoup venaient à notre rencontre, quêtant les dernières nouvelles de la guerre.

*
* *

En cheminant ainsi, nous approchions d'un grand monument dont la silhouette ne m'était pas inconnue.

Ses formes prirent corps peu à peu à mes yeux, et

je reconnus l'Arc de triomphe de la place de l'Etoile.

— Ne t'en étonne pas, m'expliqua notre guide ; c'est le monument qui synthétise le plus pleinement dans notre belle France, l'hommage aux héros qui ont souffert, et qui sont morts pour leur Patrie, et dont beaucoup pour ce fait ont mérité le Paradis.

Quand nous fûmes plus près, je fus émerveillé du spectacle qui s'offrit à nos yeux.

Les figures de pierre étaient animées ; les généraux sortant des médaillons donnaient des commandements, les bataillons en rangs pressés défilaient sur l'architrave, l'artillerie, dans un bruit de tonnerre, suivait de près les cavaliers au trot.

Les drapeaux troués par la mitraille claquaient au vent, et, dans un angle, enthousiastes, farouches, des volontaires partaient à la défense des frontières envahies :

« Allons, enfants de la Patrie, le jour de gloire est arrivé... »

Soudain, un frisson de terreur glaça tout mon sang dans mes veines.

Dans un fracas terrible, une masse sombre venait de s'abattre au faîte du monument.

Le premier moment de stupeur passé, je reconnus la Bête.

C'était un monstrueux dragon, aux pattes énormes, armées d'un ongle d'une force prodigieuse. A l'extrémité d'un long cou velu, une tête ovale aux oreilles pointues lançait des flammes par la gueule et par les deux naseaux.

Une queue immense, recouverte d'écailles, tournait sans relâche, fouettant l'air, frappant dans un fracas horrible, les pierres de l'édifice qui volaient en éclats.

Un rugissement sinistre ébranla l'atmosphère, et la voix rageuse de la Bête mugit :

« Deutschland über alles...»

Etranglé par l'angoisse, sans chercher à comprendre comment la Bête avait pu arriver en ce lieu, je ne vis qu'une chose : les hordes barbares étaient déchaînées une fois de plus sur la France, orgueilleuses, envieuses, hargneuses, jalouses de notre beau pays, et de toutes ses gloires, qu'elles voulaient anéantir définitivement.

Mon compagnon ne s'inquiétait pas trop, ayant été témoin plusieurs fois du spectacle.

Je le saisis par le bras, et secouai son flegme :

— Alerte !... alerte !... compaing, Roland, sonnez de votre olifant !...

Il se ressaisit aussitôt, et embouchant son cor, de son souffle puissant, les muscles du cou tendus à en craquer, comme la sirène puissante des raids d'avions, il jeta l'alarme à tous les coins du Ciel.

Aux plus lointaines limites du secteur de France, l'appel fut entendu.

Une agitation extrême succéda aussitôt au calme heureux des instants précédents : «Aux armes, chevaliers, car le cor de Roland n'appelle pas vainement !...»

Des cliquetis d'armes agitées résonnaient de partout ; spontanément jaillis du sol, d'immenses escadrons de chevaux, armés en guerre, attendaient leur cavaliers.

En un clin d'œil, surgissant de tous les points, tous les soldats, tous les chevaliers, tous les héros, tous les martyrs morts pour la France, immédiatement en selle, accouraient pour combattre la Bête.

Arrivés au pied de l'Arc de triomphe, ces guerriers impétueux s'élancèrent à l'assaut.

Comme sur une rampe en colimaçon, dans une charge effrénée, ils gravirent chaque pilastre en tournant alentour.

Obéissant à un ordre de mobilisation, chaque cavalier se réunissait sans s'arrêter, à celle des quatre armées à laquelle il était affecté.

Au pilier sud, je vis les Francs, qui tant de fois déjà, repoussèrent jadis les assauts de la Bête : intrusions des Huns, invasions des Arabes, attaques des Alamans, incursions des Normands.

Guerriers de haute taille, bardés de lourdes et brillantes armures, montés sur de grands et forts chevaux du Nord, descendants peu éloignés des barbares, ils avaient un aspect résolu et farouche.

J'eus du mal à empêcher mon compagnon de se joindre à leur groupe, lui persuadant qu'il servirait mieux à l'écart, pour mener le combat par ses sonneries de cor.

Au hasard du passage de l'armée, Roland me citait les noms les plus fameux.

Clovis entraînait un groupe de guerriers, armés de l'épée, de la hache et de la framée.

Nous vîmes ensuite passer à la tête de leurs troupes, Pépin d'Héristal, Charles Martel, intrépide batailleur, Pépin le Bref au courage invincible, Charlemagne, suivi de tous ses preux, parmi lesquels Roland rongeant son frein, me montra son ami Olivier, et Renaud son autre compagnon, qui avait entraîné leur camarade Astolphe :

— Je dois à ce dernier plus que la vie, dit-il ; quand l'infâme Angélique fit ravir ma raison par une magicienne, c'est Astolphe qui fut la rechercher jusque dans la Lune, où elle était cachée enfermée dans une fiole, et me la rapporta.

Les dernières divisions étaient commandées par Robert le Fort, le comte Eudes et Hugues Capet.

Les rois de nos aïeux n'étaient pas des foireux comme nos députés ; à l'heure du danger, ils donnaient l'exemple de l'intrépidité, en marchant bravement à la tête de leurs troupes, au lieu de foutre le camp devant l'ennemi, ou de s'exempter du service militaire en temps de guerre.

*
* *

Le pilier d'Orient était escaladé par les Croisés.

Sur la cotte de mailles et la cuirasse, la grande tunique blanche, marquée d'une croix de drap rouge, révélait leur vocation.

La tête était cachée dans le heaume carré qui leur donnait un aspect lourd.

Les grands chefs, reconnaissables au plumet de leur casque, étaient suivis de l'écuyer porte-fanion, et de tous leurs vassaux.

Je vis passer les fanions de Godefroy de Bouillon, de Thibaud de Champagne, de Beaudoin comte de Flandre, du roi Saint Louis et de Robert d'Artois.

Roland me montra encore Guy de Lusignan, roi de Jérusalem, les princes normands Tancrède et Bohémond, Amaury de Montfort, Geoffroy de Ville-hardouin, Raymond comte de Toulouse.

A l'Occident, Jeanne d'Arc menait à la bataille ses fidèles compagnons : Jean de Metz, Bertrand de Poulangy ne la quittaient pas d'une semelle.

Le connétable Richemond, Dunois, Lahire, Xain-trailles et le duc d'Orléans, entraînaient l'armée de Charles VII au fameux cri de guerre : « Montjoye, Saint-Denis ! »

A cette armée s'étaient ralliés le connétable Olivier de Clisson, Bertrand Du Guesclin, le Sire de Beaumanoir et ses trente chevaliers.

Au pilier nord, grimpaient les régiments de la Révolution et de l'Empire.

Beau comme un demi-dieu, Murat, prestigieux,

seul en avant de tous, fougueux, menait la charge
Vêtu d'une pelisse toute chamarrée d'or, coiffé du
kolback noir orné d'une aigrette blanche, il montait
un cheval arabe rapide comme le vent, couvert d'une
peau de tigre.

Aux côtés du cavalier, un long sabre courbé battait les flancs de la monture, mais il dédaignait de
s'en servir : la cravache haute, violent, il en impo-
sait à la mort.

Tout aussi braves et aussi téméraires, chevau-
chaient à la tête de leurs divisions, les vaillants généraux de son état-major.

Michel Ney, prince de la Moskowa, le brave des
braves ; Lannes de Montebello ; l'héroïque et impru-
dent Lassalle, le maréchal Lefebvre, et Desaix, et
Marceau, et Hoche et Kléber, les vaillants chevaliers
de la Révolution.

Bayard s'était joint à ce groupe, ainsi que Henri IV
et son ami Crillon qui eût été navré d'être absent du
combat. D'Artagnan y était, ainsi que Cyrano, avec
son grand nez servant de ralliement à tous les mous-
quetaires.

Chacun de ces groupes avait abordé dans le même
instant le pied de son pilier.

L'ascension s'en faisait plus ou moins rapide, suivant la lourdeur des armures qui chargeaient les
chevaux.

Les Croisés et l'armée de Jeanne d'Arc, furent

bientôt distancés ; enlevés par le fougueux Murat, les régiments de la grande épopée gagnèrent du terrain.

Les quatre armées, d'ailleurs, se rejoignirent bientôt devant l'entablement. Toutes mélangées, dans une troupe immense, elles chargeaient dans une course folle en contournant la frise, cherchant en vain l'accès de la corniche.

Rapide comme la foudre, la Bête faisait face partout à la fois pour repousser les assaillants.

Son immense queue balayait le parapet, dans le fracas terrible d'une vague énorme de vaisselle se brisant contre les récifs.

Soudain, poussant un cri terrible, d'un bond formidable, farouche, impétueux, Murat escalada la corniche, bousculant le parapet, cinglant les yeux torves de la Bête d'un grand coup de cravache.

Un bref recul causé par la surprise, suffit pour permettre à l'armée, de suivre le chemin frayé par Murat, et la bataille se livra désormais de plain pied au faîte de l'édifice.

Comme des banderillos, les cavaliers harcelaient les flancs de la Bête de lances et de harpons.

Toute leur agilité ne les mettait pas à l'abri des coups de la terrible queue.

Des régiments entiers étaient balayés, rejetés au dehors, mais sitôt qu'ils touchaient le sol, comme Antée, les cavaliers retrouvaient toute leur force, et bondissaient de nouveau à l'assaut.

* * *

Le terrible combat durait depuis longtemps, et la victoire demeurait indécise, quand Jeanne d'Arc inquiète, appela au secours ses bons amis du Ciel.

« Saint-Michel !... Dieu ayde !... »

Au même instant, du bout de l'horizon, on vit accourir chevauchant l'hippogriffe, l'archange Saint Michel, dans une armure étincelante.

Son apparition fut saluée par une clameur d'allégresse, et par un hurlement de rage de la Bête aux abois.

Poussant son cri de guerre « Quis ut Deus !... », d'un terrible coup de sa lance invincible, Saint Michel cloua la Bête au sol.

Elle luttait encore, convulsant frénétiquement sa queue féroce.

Roland embouchant le cor sonna l'hallali, et Pépin le Bref s'avançant près du monstre, avec sa grande épée, d'un seul coup formidable, lui trancha la tête.

Quand cette chaude alarme fut apaisée, les guerriers démobilisèrent, chevaux et armes disparurent comme ils étaient venus, et le calme revint dans l'enceinte céleste.

* * *

— Pénétrons plus avant, dit Roland, vous reviendrez plus tard vous mêler à ces groupes, quand vous aurez paru devant le Saint des Saints.

Nous trouvâmes une muraille plus haute que la première, devant laquelle sont arrêtées les âmes des hommes vertueux, qui n'ont pas eu sur terre le bonheur et la consolation de connaître par le baptême, la Voie, la Vérité et la Vie.

Ignorantes de la révélation divine, ne participant pas aux mérites du Christ, ces âmes inconnues, comme mortes pour le Ciel, dans leur aveuglement ne parviennent jamais à trouver l'ouverture de la seconde muraille.

C'est seulement au Jugement dernier, quand l'Univers entier sera refondu dans un vaste creuset, que Dieu dans son infinie miséricorde, procédant à l'inventaire général de la création, décidera ce qu'il doit advenir de ces âmes.

Quand nous fûmes arrivés devant la porte, Roland sonna du cor, et comme les hirondelles préparant leur exode, une nuée d'anges ailés voltigea près de nous.

Les anges connaissant tout, la vérification des passeports· fut vite terminée, et la porte ouverte, nous pénétrâmes dans la seconde enceinte.

XVIII

Ce lieu resplendissant de lumières, et baigné d'harmonies, est le séjour ordinaire de l'armée et des fonctionnaires de l'administration du Ciel.

Sept Archanges sont les chefs de cette hiérarchie.

A l'échelon inférieur sont les Anges qui, sur terre, servent de guides et de conseillers pour les actions des hommes.

Ils dirigent également la vie et commandent à l'activité de toute la nature, déchaînent ou arrêtent les vents, règlent les marées, dispensent selon les desseins de Dieu la pluie ou le beau temps, font pousser les arbres et vivre les animaux, soulèvent les montagnes et creusent les océans.

Auprès d'eux sont les Principautés, dont le rôle s'exerce à l'extérieur de la terre, dans le reste de l'Univers.

Un rassemblement se fit à notre entrée, chaque ange cherchant à reconnaître un de ses protégés.

Nous fûmes bientôt reconnus, et la S D se trouva dès lors doublée de quarante et un anges, qui nous accompagnèrent, heureux de faire les honneurs du Ciel à leurs bleus.

Après une marche sans fatigue qui dura des heures, ou peut-être des siècles, nous approchâmes d'un merveilleux palais sans bornes, dont le faîte disparaissait dans l'infini.

Le langage des hommes est impuissant à rendre les magnificences accumulées en la façade de ce bel édifice.

Le diamant et l'or, les pierres les plus précieuses scintillant de mille feux, en sont les matériaux les plus rudimentaires.

Ils constituent le gros œuvre vulgaire, perdu sous une profusion de dentelles d'harmonies, d'arabesques de lumières, et de flamboiements d'effluves magnétiques.

— Tu vois, me dit Roland, l'extérieur du Ciel ; c'est ici le vestibule du Paradis.

Une grande entrée sans porte donnait accès à l'intérieur ; dans cette enceinte des Anges, il n'y avait plus de gardes, ni de formalités pour pénétrer au Vestibule céleste.

Nous y entrâmes.

La lumière, tamisée par d'immenses vitraux de tourmalines et d'améthystes, était plus douce qu'à l'extérieur.

Baignées dans des harmonies célestes, les âmes y étaient purifiées des dernières poussières du Siècle, préparées dans un saint recueillement aux extatiques visions promises à leurs yeux.

Sous d'immenses colonnades aux invisibles sommets, de nombreux groupes d'anges circulaient.

Nous approchâmes, recueillis et silencieux, dans l'impressionnante nef, tout au bout de laquelle je crus distinguer la porte d'un tabernacle.

Il s'en irradiait de tels rayons de lumière, que je ne pouvais y arrêter mon regard.

— C'est la dernière porte du Paradis, dit Roland à voix basse ; quand elle s'ouvrira, tu verras le Très-Haut.

Avant d'être admis en la présence de Dieu, nos anges nous firent passer par le déambulum angelorum, pour y revêtir la robe nuptiale, tenue obligatoire aux réceptions du Ciel.

Nous dépouillâmes les derniers vestiges de notre tenue terrestre, et les anges habilleurs ajustèrent à nos tailles, les robes blanches tissées dans le lin le plus fin.

La dernière inspection fut passée par un grand concours d'anges examinateurs.

Massés sur plusieurs rangées, ils formaient une allée, dans laquelle nous passions lentement.

De longues palmes qu'ils tenaient suspendues sur nos têtes, faisaient de ce passage une allée triomphale.

Quand l'un des Anges voyait une trace de poussière, d'un léger coup de palme il la faisait partir.

Un chœur d'Anges embellissait de ses chants, l'ultime cérémonie de purification.

Ils étaient accompagnés par les sons harmonieux d'un immense orgue, au clavier duquel, Roland me désigna Jacopone da Todi.

Il jouait sa mélopée sublime du *Stabat Mater*, et

les anges, sur cet air, chantaient le cantique de Jean Vézère :

Ils étaient beaux, jeunes et vaillants,
Pleins de vie et d'espoirs nouveaux,
Souriant à leurs jeunes ans...

A la fin du défilé, un ange remit à chacun de nous la palme, attribut des martyrs, et c'est ainsi que, parés, nous attendîmes de la sublime Volonté du Très-Haut, l'instant de notre audience.

Nous étions au bas d'un grand escalier de jaspe, donnant accès à l'entrée du Paradis.

Ce qui m'avait paru au loin être la porte d'un tabernacle, était une immense porte, recouverte d'un grand voile.

C'était un rideau d'une blancheur éclatante, tissé par les Anges, avec les fils de la Vierge recueillis sur la terre, dans les prés mouillés des rosées matinales.

Bientôt, dans l'immense cathédrale, la lumière s'atténua progressivement, et nous fûmes plongés dans la chaude pénombre des crépuscules d'été.

Comme de blancs fantômes glissant dans la nuit, dans leur vol silencieux, tous les anges se rassemblaient devant le Sanctuaire.

Les étoiles commençaient à peupler la voûte infinie de notre immense nef. De tous les points du firmament, elles accouraient rendre leur hommage au Saint des Saints, leur Créateur, qui allait apparaître devant ses créatures.

Quand toutes les étoiles de toutes les constellations brillèrent dans le ciel, et que les Principautés, les Archanges et les Anges furent tous assemblés, un frémissement secoua le voile blanc du divin sanctuaire.

Tiré en bas par d'invisibles mains, il s'ouvrit, se repliant en deux parties vers chacun des côtés.

Comme dans le froissement des fins tissus de soie, il se fronçait en ondes harmonieuses, répandant dans les airs des modulations de symphonies exquises.

L'ouverture du rideau dévoila à nos yeux une immense porte d'or, enrichie en sculptures merveilleuses, d'escarboucles et de spinelles, de topazes et de rubis.

Un prêtre de Jésus-Christ, porteur d'une clef d'or, vêtu d'une riche chape brodée de tous les feux du jour, monta lentement les degrés du perron.

Il donna sept tours de clef dans la serrure du céleste Tabernacle, et, se retirant au bas de l'escalier, il se prosterna le front contre les marches.

Nous en fîmes autant ainsi que tous les anges.

Lentement, la porte d'or s'ouvrit, remontée par un treuil, dans les cintres immenses de la Scène Céleste.

Comme un torrent de fonte en fusion s'échappe

du creuset ouvert d'un haut fourneau, un flot impétueux d'éblouissante lumière et d'harmonies divines avait jailli vers nous, au premier décollement du rideau soulevé.

Les yeux des hommes, et même ceux des anges, n'auraient pu supporter cette lumière trop vive.

Dans un concert immense et quelque peu distant, des milliers de cloches lancées à la volée, égrenaient sur tous les tons, l'infinie gamme des sons dans toutes leurs nuances.

Commandées par un invisible chef d'orchestre, des centaines d'orgues emplissaient la vaste nef, de mélodies grandioses et suaves, qui nous arrachaient du sol, portant nos âmes comme sur des ailes d'anges, vers les sommets sublimes resplendissants d'étoiles.

Et, brochant sur le tout, des millions de séraphins, embouchant les longues trompettes d'argent, envoyaient leurs fanfares éclatantes jusqu'aux plus lointains confins de l'univers.

Quand les trompettes eurent terminé leurs sonneries de victoires, toujours avec l'accompagnement des cloches et des orgues, les multitudes de séraphins, sur des harpes, des luths et des cithares, entonnèrent des hymnes d'amour et d'allégresse, cependant qu'en troupes immenses, les chérubins envolés dans l'azur, lançaient à tous les coins du Ciel leurs invocations à la gloire du Très-Haut.

« Gloria in excelsis Deo !!!... »

[*]

Sur la permission divine, les anges s'étaient relevés, et tout habitués qu'ils fussent, contemplaient avec ravissement la beauté du Seigneur, et ils l'adoraient.

Nous restions prostrés, dans la terreur de ne pouvoir supporter l'éclat de cette vision.

Dans son infinie bonté, Dieu nous rassura et nous releva :

— Ne craignez point, et levez les yeux... je suis l'alpha et l'oméga... tout est en moi, et tout ce qui est autour de moi est moi...

J'osai alors lever les yeux et je vis le Saint des Saints dans sa magnificence.

Aucune parole du langage humain ne peut rendre approximativement toute sa splendeur !... Dieu échappe à toute description !...

Cristallisé sous les apparences extérieures d'un majestueux vieillard, au visage lumineux comme le soleil, il prenait pour nous un aspect perceptible à nos sens humains, car nos yeux limités ne pourraient le voir dans sa forme réelle d'Etre immatériel infini et puissant.

A la droite du Seigneur était assis le Christ, son Fils Bien-Aimé.

Resplendissant de lumière, il portait sur la tête, au lieu de la couronne d'épines, une merveilleuse couronne enrichie de pierres rutilantes.

A la gauche du trône céleste était la Sainte Vierge,

dont la splendeur dépassait celle des anges. Elle avait sur la tête un superbe diadème.

Emerveillé devant tant de beautés, je vis soudain Notre-Seigneur Jésus-Christ s'effacer et disparaître.

Une étoile plus brillante que les autres glissait dans le ciel du Paradis ; c'était Vénus, l'étoile des bergers, et je crus entendre les bruits d'une caravane lointaine, tandis que des flûtes et des pipeaux jouaient doucement, accompagnant une voix que je reconnaissais et qui chantait :

> *O Roi de la nature,*
> *Nous tombons à genoux,*
> *Devant la crèche obscure,*
> *Où vous naissez pour nous...*

Je cherchai le chanteur ; l'ange était invisible.

Mais, ô prodige, la divine Mère de Dieu tenait sur ses genoux un radieux enfantelet ; Elle me souriait, et dans ses traits je reconnus ceux de ma bonne hôtesse de Romeley.

Je n'en fus pas surpris : je savais bien qu'elle n'était pas de la terre !...

Au comble de l'émotion, à la fois heureux et confus d'avoir eu son amitié avec autant de familiarité, il m'était bien impossible d'exprimer mes pensées.

Alors, levant mes mains vers Elle, j'entonnai le plus bel hymne de gloire que je connaisse :

Magnificat, magnificat anima mea Domino !

J'avais à peine commencé, et j'étais déjà effrayé de ce manquement au protocole, que toutes les orgues, et les luths, et les harpes, et toutes les cithares accompagnèrent mon chant.

Tous les Anges, Archanges, les Chérubins, les Séraphins, et tous les personnages du Ciel reprirent le chant pour louer la Sainte Mère de Dieu.

Magnificat, Magnificat...

Pendant ce temps, Elle me paraissait occupée à emmailloter le Divin Enfant.

Tout à coup, le tenant au bout de ses bras, se levant, Elle se pencha... se pencha dans ma direction !...

En proie à une hallucination, je la voyais horizontale, me tendant l'Enfant Dieu, et je reconnus la Vierge d'Albert !

Mais son visage, son costume, n'étaient plus les mêmes ; dans son joli voile et sa robe blanche, je voyais ma chère infirmière de Nancy, qui me mit l'Enfant Jésus dans les bras en disant :

— Tenez, achevez de rouler la bande ; de pauvres blessés me réclament !...

J'en étais incapable. Plus éperdu que jamais, je ne savais quelle contenance tenir sous ce fardeau, qui commençait à peser terriblement à mes bras.

Affolé, je cherchais des yeux Saint Christophe, pour lui demander l'aide de son robuste dos, puis je poussai un cri, et toutes ces belles visions disparurent à mes **yeux**.

XIX

Quand je vis à nouveau, la Vierge était toujours là, penchée sur mon visage, avec son bon sourire nuancé d'un peu d'inquiétude, et qui disait :

— Vous êtes sauvé, mon enfant !...

Mais le cadre n'était plus le même ; surpris et navré, de mon unique mauvais œil, je regardai autour de moi, reconnaissant des malades dans leurs lits, et tout le décor d'une salle d'hôpital.

J'étais bien tristement revenu sur la terre.

J'eus un « Oh ! !... » de désappointement, avec un air qui devait être révélateur de mes sentiments, car Elle se prit à rire, disant :

— Ah ! mais dites donc ! vous ne semblez pas être très satisfait de me trouver ici !...

— Oh ! par exemple !... avouez que c'est vexant de revenir du Paradis !... mais, expliquez-moi donc votre présence ici...

Ma sœur l'avait avisée de mon évacuation, et comme ma bonne infirmière était en ce moment à Paris, elle était accourue aussitôt, à point pour assister à ma mort ou à ma résurrection.

Mais adieu Paradis, Anges, Archanges, Séraphins, Trônes et Chérubins, mirage décevant, espoir présomptueux, et c'est partie remise pour une autre fois, en moins bonnes conditions. C'est peut-être cette quiétude heureuse qui me sauva.

*
* *

J'étais dans un service de grands blessés, peu qualifié pour les maladies des yeux.

Au bout d'un mois, un médecin inspecteur s'en aperçut, et m'aiguilla sur le centre ophtalmologique de Bourges.

Je devais y trouver quelques hommes de la section, et mon collègue le sergent comédien, que j'avais laissé dans la cave avec tous les gradés, à mon départ de Mont-Notre-Dame.

Leurs craintes ne les avaient pas entièrement préservés. Ils auraient dû fuir tout de suite, loin du milieu empoisonné, mais à séjourner dans cette ambiance, ils s'étaient trouvés pris et, malades peu ou prou, s'étaient fait évacuer.

Oh ! ils étaient peu gravement atteints, à telle enseigne que Lepage, se jugeant suffisamment guéri, avait déjà rallié les vestiges de la section, évitant le Dépôt, refusant son congé de convalescence.

Quel zèle subit avait soudain galvanisé ses veines ?

Le mystère fut éclairci peu après.

Mon Lepage, en as de natation, avait échafaudé une belle combinaison.

Le lieutenant, songeait-il, est hors de combat : hôpital, convalescence, dépôt, tout cela le conduira à la fin de la guerre.

Le second cadre des gradés, maintenu en fonctions pour les besoins courants, n'a plus qu'un chef de section en la personne de l'adjudant, suffisamment gradé pour l'importance diminuée de la S. D.

Mais, pour continuer le service par roulement, il faut un autre chef de section, de grade un peu plus faible, et un sergent-major ferait très bien l'affaire.

Battant le fer quand il est chaud, vite Lepage regagne le front, établit et fait signer par l'adjudant, un beau rapport exposant la question, et insinuant que ledit Lepage, ancien sergent-major, ayant perdu son grade pour une futilité, pourrait fort bien remplir ce poste en reprenant son galon.

Le petit complot réussit à merveille.

N'étant ni égoïste ni ingrat, Lepage, cette fois, associa à sa joie tous ses compagnons.

Sur son initiative, ils se firent à eux-mêmes des propositions de citations, pour leur belle conduite au cours du bombardement dont ils étaient absents, au repos à dix kilomètres en arrière.

C'est ainsi que Perrin eut cette fois sa part du rabiot de citations, de même que Bertrand, qui était parti en permission à ma place au cours de cette journée.

L'adjudant, soldat de carrière, ne dut qu'à ce petit tour de physique, de ne pas finir la guerre sans l'ombre d'une citation.

**
*

Je coulai des jours heureux à l'hôpital de Bourges.

Pouvant alors me conduire, je sortais beaucoup en ville, visitant fréquemment la belle cathédrale.

Bientôt ami du médecin-chef, le bon docteur Bérard, j'allai plusieurs fois dîner dans sa famille ; il m'emmenait aussi dans ses courses en ville.

Tous les soins se donnaient à la salle de visite.

J'en fis mon quartier général, y rendant de menus services, et y demeurant même quand, la visite terminée, il n'y restait que l'infirmière.

J'avais déjà exercé mes talents, dans l'apprivoisement des gentils chevaux blancs, et des non moins gentilles et aussi blanches infirmières.

Celle-ci ne fut pas plus rétive !!...

Nous étions devenus les meilleurs amis, quand vint, le 11 novembre, l'annonce de l'armistice.

Pendant trois jours la ville fut en liesse ; tout le monde dans la rue, chantant, dansant, embrassant, suivant bras-dessus bras-dessous n'importe quel cortège précédé d'un fanion.

L'hôpital s'était vidé comme par enchantement : malades, docteurs, concierge, secrétaires, femmes de service, cuisiniers et lingères, tout était disparu :

— Venez-vous, mademoiselle Maria ?...

— Moi !... oh mais non !... Il faut bien que quelqu'un reste. Allez-y et amusez-vous bien. Je profiterai de cette accalmie pour laver mon linge et vos petites affaires...

Je partis donc seul, laissant là l'infirmière.

Je revins bientôt, porteur de provisions, car le dîner n'était guère assuré dans ce chambardement.

Mademoiselle Maria repassait.

Guignant du coin de l'œil le joli linge blanc et les belles dentelles, je lui dis :

— Vous pouvez sortir, à présent, je garderai la maison.

— Mais je n'en ai aucune envie ; je m'ennuierais dans la rue, au milieu de cette foule en délire... Ma seule fête est de vous avoir près de moi... puisque vous y êtes je ne désire rien de plus !...

Nous fîmes la dînette.

Pendant que disparaissaient éclairs et savarins, je considérais avec étonnement, comme un objet curieux et rare, cette jeune fille gaie, rieuse, qui, unique en la ville, restait à travailler, au lieu d'aller voir l'apothéose d'une victoire, à laquelle elle avait bien contribué.

Ainsi Pénélope restait à son métier, pendant que sa cour de prétendants, emplissait son palais des échos de leurs fêtes.

*
* *

Avec l'armistice la guerre était finie ; négligeant le passé, je songeais à l'avenir.

Cinq années — c'est un bail — avaient fait de moi un territorial, et il serait temps de songer au foyer.

Et mon Dieu, où trouver une meilleure gardienne de ce foyer, dont, loin des fêtes et du bruit :

« Le ménage serait tout le docte entretien,
Et les livres, un dé, du fil et des aiguilles,
Dont elle travaillerait aux trousseaux de mes filles. »

Sous le joli voile avantageant les frais minois, dans la toilette blanche que j'avais tant aimée (la plume fait l'oiseau), je prêtais à ma rieuse compagne toutes les grâces, qualités et vertus, dont mes rêves embellissaient l'image que je me faisais de l'épouse idéale.

Belle comme Briséis, sage comme Cornélie, fidèle et laborieuse comme Pénélope, vertueuse comme Lucrèce, joyeuse, bonne et prudente comme Nausicaa.

Je dois rappeler à ma décharge, comme circonstance atténuante, que j'avais encore sur l'œil droit un bandeau, et que l'œil gauche, l'œil du côté du cœur, incomplètement guéri, ne peut d'ailleurs passer pour un juge impartial.

— Aimez-vous votre profession d'infirmière, mademoiselle Maria ?

— Comment pourrait-il en être autrement ? aînée des onze enfants d'un pauvre paysan, je dus à quatorze ans, quitter un foyer qui n'avait pas de pain pour tous.

Je fus envoyée à Paris, chez les Augustines de l'Hôtel-Dieu, dans l'espérance peut-être que je ferais une religieuse. Ma vocation fut autre ; je pris bien le voile, mais celui d'infirmière. Grandie, élevée dans ce milieu de carabins, j'étais l'enfant de la maison, et à trente ans, après quinze ans de service, je vais être surveillante, la plus jeune de l'Assistance Publique.

— Félicitations... je comprends qu'en ce cas, cela ne vous dirait rien de lâcher à présent, une situation aussi bien commencée... pour un mariage quelconque... mettons avec moi, par exemple.

— Ne parlons pas de cela ; vous pensez bien que je n'ai aucune dot. Je serai heureuse tant que vous resterez ici, et je souhaite vous y garder le plus longtemps possible... un point, c'est tout ! Après !... à chaque jour suffit sa peine ou sa joie, et je ne me leurre pas de rêves chimériques.

Hum !... Hum !... Comme le capitaine, jadis, je me dis à moi-même : Suffit !... compris !... si ce n'est pas une déclaration à la douane, c'est tout de même une déclaration !!... on verra ça...

Il est bien entendu que la dot m'indiffère. J'ai toujours trouvé très impertinent, qu'un père soit obligé de donner de l'argent au monsieur qui veut bien lui enlever sa fille.

Combien plus logique est la coutume arabe, qui met le paiement au compte de celui qui a la marchandise.

Dans la mode du pays, une fille à marier est estimée valoir un, deux, ou trois chameaux, suivant ses qualités, ou plutôt, selon moi, suivant son caractère!

Pour faire le point exact de ma position, j'allai à la visite d'un major renommé, qui auscultait à l'Hôpital militaire.

Il me trouva des lésions aux poumons, sans prédisposition à la tuberculose ; c'est ce que je voulais savoir.

C'est en revenant de cette visite, que je fis la rencontre d'un soldat du 152.

Nous nous abordâmes, et en causant il me conta sa curieuse odyssée.

Etant au 152e, il fut pris à Noël 1915 à la terrible affaire de l'Hartmannswillerkopf, où un groupe important fut fait prisonnier, après avoir, la veille, capturé un nombre aussi grand d'Allemands.

A l'examen de son cas, on apprit qu'il exerçait la profession d'agent-voyer et connaissait l'allemand.

Or, en Allemagne, les agents-voyers ayant été mobilisés, leur intérim devait être assuré comme chez les commerçants, par la famille des titulaires.

La guerre se prolongeant au-delà de toutes les prévisions, les femmes ne pouvaient plus suffire à la tâche pour la direction des travaux.

On envoya donc mon homme dans un bureau d'agent-voyer, pour seconder la jeune fille, titulaire momentanée du poste, habitant avec sa mère.

Muni d'une carte spéciale, il circulait librement dans tout le canton, commandant les cantonniers, réglant les fournisseurs, entretenant les routes anciennes, étudiant la création des nouvelles.

Il mangeait et logeait avec les deux dames.

— Parlez-moi un peu, lui dis-je, des brutalités coutumières des Allemands envers les prisonniers français.

Il se récusa en riant :

— Pardonnez-moi de ne pas pouvoir vous renseigner sur ce point ; je ne sais pas ce qui s'est passé ailleurs, mon témoignage serait donc de nulle valeur.

Tout ce que je puis dire, c'est que pour mon compte personnel, j'ai reçu plus de caresses que de coups de bâton !...

— Etait-elle donc amoureuse votre petite agent-voyère ?

— Oh !... bien trop par moments, j'en étais fatigué ; c'est la seule plainte que je puisse formuler du temps que je passai en captivité.

Au surplus, ajouta-t-il spontanément, j'avoue bien volontiers que ce n'est pas moi qui ai demandé à rentrer.

*
* *

Un ami à qui je contais l'aventure, me cita un curieux pendant à cette histoire.

Officier, fait prisonnier en seize, auprès de Douaumont, il connut en captivité un docteur français qui, dans les conditions de notre agent-voyer, fit l'intérim à domicile d'un oculiste mobilisé.

Les officiers prisonniers, sous prétexte de soins, pouvaient l'aller voir autant qu'ils le voulaient.

Avec des lunettes, l'oculiste les pourvoyait de boussoles, de cartes, de tout ce qu'ils pouvaient aimer se procurer.

Il était secondé en cela par la dame de l'oculiste, bonne personne, affable et gracieuse, animée de sentiments assez francophiles, pour qui nos officiers avaient beaucoup d'estime.

L'oculiste allemand fut tué à la guerre.

Le Français conserva le poste, et, après un délai convenable, le cœur percé des traits de Cupidon, il épousa l'honnête et séduisante veuve.

Mon ami officier, affirmait volontiers que le fait en lui-même n'était pas critiquable ; la jolie Allemande avait assez d'attraits, pour chavirer l'esprit d'un commensal constant de son foyer intime.

Leur vertu fut leur perte.

Par suite d'une loi de circonstance, tout étranger épousant une Allemande, en acquérait d'office la nationalité.

Dès que fut célébré le mariage régulier, le nouvel époux fut aussitôt groupé, mobilisé d'office, envoyé à la guerre dans les rangs allemands sur le front d'Orient.

On ne le revit pas...

A la fin de décembre, mon œil gauche guéri, je ne sentais plus d'amélioration du côté de l'œil droit.

— Est-ce que cela va durer encore longtemps ? demandai-je au major.

— Vous resterez ici autant qu'il vous plaira, jusqu'à la fermeture de l'hôpital si vous voulez. Mais pour votre œil, perdu aux sept dixièmes, il n'y a plus rien à en attendre de mieux.

— Oh ! alors, je ne veux pas m'éterniser ici.

— C'est comme vous voudrez.

Rentré dans ma famille, je profitai de mon congé de convalescence, pour aller voir une de mes trois sœurs religieuses, qui avait passé la guerre en pays envahi.

Elle était dans la zône occupée des Vosges, en arrière de Senones, garde-malade soignant les gens à domicile, s'occupant des jeunes filles du patronage, surveillant des œuvres diverses, en compagnie d'une compagne âgée.

Elle me fit visiter le pays, les travaux des Allemands. J'étais émerveillé de leurs ouvrages épais, en béton armé, quasiment imprenables, auxquels nous opposions de maigres sacs de terre.

Tout à côté des lignes, elle me montra une sépulture, très bien ornée, avec des bordures en bois découpé, de belles croix de bois et des plantes vertes, et un large écriteau où était écrit en allemand :

Hier ruchen drei tapfere französische Soldaten (1)

Je n'avais jamais vu dans nos lignes, une tombe de Français aussi bien entretenue par des Français.

(1) Ici reposent les corps de trois braves soldats français.

Lui demandant quelle avait été l'attitude des Allemands envers la population, elle m'en laissa juger en me contant ces quelques traits.

*
* *

A la mobilisation, un douanier étranger au village était aussitôt parti, laissant là sa femme et deux petits enfants.

La mère mourut, et voici nos petits, abandonnés, loin de toute famille.

Les sœurs les recueillirent.

La cour de leur maison était occupée par une cuisine roulante de compagnie.

Quand le capitaine apprit l'événement, il donna des ordres, pour qu'à chaque distribution des repas, les premières rations fussent détournées pour les enfants.

Les compagnies se relevant, la suivante reçut et observa la même consigne, et, jusqu'à la fin de la guerre, aucun capitaine, d'aucune compagnie, n'oublia en partant de recommander les enfants à son successeur.

*
* *

Pendant une période, ma sœur avait été requise, pour servir d'infirmière, à l'hôpital où les Allemands soignaient les malades civils de la région.

Une malade avait été opérée ; une imprudence, défaut d'aseptie ou autre, ayant amené la gangrène, la pauvre femme mourut dans de grandes souffrances.

La négligence fut reconnue par les médecins ins-
pecteurs, qui sévirent à l'endroit du major coupable.

En témoignage de réparation, des obsèques impo-
santes furent faites à la défunte, conduite à sa demeure
dernière sur une prolonge d'artillerie.

Pour cette circonstance, des avis placardés dans
les villages environnants, levaient pour ce jour la
nécessité des sauf-conduits, afin que tous ceux qui
le voudraient puissent assister à l'enterrement.

Les jeunes filles du village, étaient occupées comme
manutentionnaires, dans un grand magasin d'approvisionnements servant pour toute la région.

Elles cachaient des provisions dans des poches, sous
leurs robes, et en apportaient une partie aux sœurs.

Ces provisions, et d'autres affaires, étaient cachées
dans une chambre, dont elles avaient dissimulé la
porte, en tirant devant une armoire.

Parmi les provisions ainsi apportées, se trouvaient
de succulents biscuits de pur froment, vivres de
réserve gardés pour les grandes offensives.

Les religieuses les réduisaient en poudre, et, avec
cette farine de premier choix, elles confectionnaient
de délicieux gâteaux.

J'en mangeai moi-même, faits à mon intention ; ils
étaient succulents.

Un Français qui le sut, et chez qui se trouvait la
popote des officiers, demanda de ces biscuits.

— Mais nous ne pouvons pas en disposer ; ce sont des vivres de réserve...

— Les religieuses en ont bien pourtant !...

La dénonciation laissa les officiers muets d'hébétement !...

Il fallait pourtant éclaircir la chose, au moins en apparence, et un lieutenant fut chargé de l'enquête.

Il vint trouver les sœurs, leur raconta l'affaire, et leur dit de prévenir les jeunes filles, qu'il y aurait une fouille le lendemain, à leur sortie du magasin :

— Qu'elles se tiennent tranquilles pendant quelques jours !!!...

Il annonça aussi, qu'un sous-officier viendrait dans la soirée visiter la maison.

Le plus gros de la contrebande fut vite mis en lieu sûr, mais il restait diverses choses qu'on préférait dissimuler.

Le sous-officier vint, inspecta les chambres, et fit remarquer par gestes, qu'une chambre était moins profonde, d'un côté de la cloison, que sa voisine de l'autre côté... quel était ce mystère ?

La vieille religieuse, blême, tremblait de tous ses membres.

Ma sœur, se frappant le front, fit semblant de comprendre l'interrogation muette et d'y répondre :

— ia, ia, komm herr... (1).

Prenant l'homme par le bras, elle l'entraîne après elle et descend à la cave.

____

(1) Oui, oui, viens ici.

Arrivée là, elle casse le col à une bonne bouteille, en verse de copieuses rasades à son invité forcé, puis sortant par une porte extérieure, elle le met au milieu de la rue, où elle le laisse après une bonne poignée de main. « Au revoir, mon vieux poteau !...»

L'alerte était passée et, quelques jours après, cela recommença comme précédemment.

Avec ces procédés, les Allemands n'étaient pas mal vus de la population, trop bien même par certains, et aussi par certaines.

Ils donnaient des soirées, des bals, et les religieuses étaient obligées de bien sermonner les jeunes filles du patronage, pour les retenir, malgré elles, de se rendre à ces invitations.

Les Allemands, mécontents de leurs refus, en connurent l'origine, et traduisirent la vieille religieuse en conseil de guerre.

Très timorée, elle se mourait d'effroi, à la seule idée de comparaître en criminelle devant des juges.

Ma sœur la remonta, et exigea d'être à ses côtés au prétoire.

La bonne vieille fut condamnée à deux jours de prison, mais comme on voulait l'emmener, ma sœur l'enlaça de ses bras et jura que personne ne les séparerait.

Finalement, on leur fit faire à toutes deux leur consigne, dans la chambre de l'institutrice communale.

— Et les enfants, que vont-ils devenir ?...

— Allons donc ! ne vous en inquiétez pas, vous savez bien qu'ils ne manqueront de rien.

*
* *

Au chapitre des histoires, j'entendis encore celle-ci, ne concernant plus toutefois les Allemands.

Un soldat français, les premiers jours de guerre, isolé, perdu dans la forêt voisine, demanda asile et protection dans une ferme écartée.

Il fut caché dans un réduit masqué par des fagots, en attendant quelques jours la suite des événements. Mais quelques jours devinrent quelques années.

L'enfant de la maison, fille unique, s'était chargée du soin du réfugié. Ses bons offices lui attirèrent la reconnaissance éperdue du pauvre troubade qui, ne pouvant faire mieux, lui donna un poupon.

Emotion !... scandale dans le village !... quelle honte, cette fille frayant les Allemands, puisqu'on ne pouvait croire qu'il en fût autrement.

La fille et les parents laissèrent s'accréditer la légende, et la surprise fut immense quand, le jour de l'armistice, sorti de sa cachette, on vit que le papa était un bon Français de derrière les fagots.

Philosophe, la religieuse ajoutait :

— C'était compréhensible et tout naturel ; des années d'intimité dans ces conditions, tu penses bien que cela ne pouvait pas manquer d'arriver !

*_**

Mon congé terminé, je rejoignis mes compagnons, sans plus m'occuper du dépôt, qui fut toujours ma bête noire.

Ils avaient recruté une douzaine de pensionnaires, parmi lesquels un ancien lieutenant, et un secrétaire de consulat.

La qualité compensait la quantité.

Nous atteignîmes Beauvais, par une marche de quinze kilomètres.

J'avais trop présumé de mes forces ; j'arrivai en compote, le visage tuméfié, les mains, les bras, le corps couverts de grosses cloques.

J'étais bien hors de combat.

Quelques jours après, la section fut dissoute ; gradés et hommes rejoignirent leurs corps.

Le 152e se rendait à Paris, par étapes à pied.

Je ne tentai pas l'aventure, et me fis évacuer de nouveau à l'hôpital de Beauvais.

*_**

Ma campagne était finie, le but étant atteint ; j'étais resté soldat jusqu'à l'expulsion du dernier Allemand.

Je quittais la lice, tête haute, sans un regret, prêt à recommencer, s'il l'avait fallu et si je l'avais pu, tout ce que j'avais fait.

J'emportais en mon cœur la meilleure récompense,

celle que n'atteignent pas les injures du temps, l'intime contentement, la joie, la fierté, la satisfaction du devoir, généreusement et très largement accompli.

Que chacun en eût fait autant, et la guerre eût été depuis longtemps finie.

Je conservais, tout particulièrement, l'agréable impression d'avoir mis sûrement cinq ennemis hors de combat, sans créer de souffrance et sans verser de sang.

Guerrier jusqu'auboutiste pour la défense de mon pays, je répugnais au meurtre, même dans l'exercice de la guerre.

Je suis rigoureusement certain de n'avoir tué, ni blessé personne au cours de cette guerre, même par imprudence, même sans le savoir par une balle perdue, car je n'y ai pas tiré un coup de fusil.

Je n'ai jamais eu assez de dégoût pour ces grues, qui, sous un déguisement, venant voir leur ami artilleur sur le front, prenaient une joie sadique à tirer le canon, heureuses de s'en flatter auprès de leurs amies.

Méprisables brutes, car elles ne méritent pas le nom de femmes, qui évoque la grâce, la bonté et l'amour, la guenille qu'elles ont à l'endroit où les autres ont le cœur, tressaillait en gloussements idiots de cruauté, à l'idée que leur geste aveugle, avait pu créer la ruine et la souffrance, tuer quelque soldat innocent de la guerre, peut-être des civils, dévaster un peu plus un village de France.

A un autre point de vue, aussi inhumains et déraisonnables, sont ceux qui proclament qu'il **aurait** fallu aller jusqu'à Berlin, et rendre œil pour œil, dent pour dent, dévastations pour dévastations.

Soyez assurés que ces justiciers farouches, ces guerriers insatisfaits, sont surtout les stratèges du Café du Commerce, ou des officiers de Cour, qui n'ont connu les fatigues et les souffrances du soldat, que sur l'écran du cinéma.

C'est un désir de sauvage, envisageant le carnage comme une fête, et le meurtre comme un mérite pour gagner le paradis.

Comme résultat réel, cela eût abouti à faire payer à des innocents, les crimes de leurs maîtres, assez lâches pour fuir à temps, et échapper toujours au châtiment mérité.

Ensuite, quelle paix définitive et sans arrière-pensée, eût été mieux assurée avec un pays lui-même dévasté, et gardant au cœur, la rancœur profonde de l'inutile envahissement, la honte et la rage de l'humiliation accrue, semence de haine qui eût germé en projets de revanche, mis à exécution aussitôt que possible.

Les traités valent seulement par la manière dont ils sont appliqués. Quelle armée insensée eût été nécessaire, pour forcer à l'exécution continue d'un traité détesté, une population de soixante-dix millions d'habitants belliqueux.

Ce regret stérile et stupide n'est, dans le fond, qu'une simple et criminelle nostalgie de vaine gloriole militaire : entrer à Berlin en vainqueurs, dans le fastueux déploiement d'une pompe triomphale.

Pour cette apothéose, les généraux d'antichambres se seraient retrouvés comme par enchantement, pour caracoler à la tête des troupes.

Allons ! allons ! un peu plus de pudeur... s'ils ne se sont signalés à la guerre, que dans les tranchées du ventre, et par leur absence du front, qu'ils n'essayent pas de se tailler une célébrité de mauvais aloi, en critiquant après coup, et en bêchant ceux qui ont été, eux, les vrais auteurs de la victoire.

Eussions-nous été seuls, et libres de nos déterminations, ce qui a été fait a été bien fait. C'eût été agir en assassins, de prolonger la guerre un seul jour, de faire tuer un seul homme de plus, d'un côté ou de l'autre, sans nécessité, alors que l'adversaire terrassé, abandonnait ses armes.

EPILOGUE

Le 10 février 1919, je quittais l'Hôpital de Beauvais.

Deux jours après, à Bourges, par un détournement de majeure, je ravissais à l'Assistance Publique sa plus jeune surveillante.

Et ce fut le retour.

Plus favorisé que beaucoup d'infortunés amis, qui ne devaient plus revoir leurs foyers, j'avais créé le mien.

J'étais bien véritablement le vrai profiteur de la guerre.

Evoquant par la pensée les années écoulées, et toutes les étapes et toutes les aventures, avec acuité passaient en mon esprit, les vers du bon Joachim du Bellay :

> Heureux qui comme Ulysse a fait un long voyage,
> Ou comme cestuy-là qui conquit la Toison,
> Et puis est revenu, plein d'usage et raison,
> Vivre entre ses parents, le reste de son âge.

CE LIVRE

EST SORTI DES PRESSES

DE L'IMPRIMERIE A. BURIOT

A FOUGEROLLES

EN MARS

M. CM. XXX

O CRUX AVE MORITURI TE SALUTANT

ÉDITION ORIGINALE

6 exemplaires numérotés sur papier
vélin Madagascar. . . . . *Hors vente*

50 exemplaires numérotés sur papier
vergé pur fil Lafuma . . . . . . 40 fr.

1000 exemplaires numérotés sur papier
Alfa . . . . 15 fr.

2000 exemplaires ordinaires . . . . . 12 fr.

Franco pour toute commande
accompagnée de son montant

H. VAUBOURG, Val-d'Ajol (Vosges)

Compte Chèques Postaux : 3809 Nancy